Transformados à sua imagem

Transformados à sua imagem

Watchman Nee

Editora Vida
Rua Conde de Sarzedas, 246 – Liberdade
CEP 01512-070 – São Paulo, SP
Tel.: 0 xx 11 2618 7000
atendimento@editoravida.com.br
www.editoravida.com.br

©1967, 2007, Watchman Nee, by Angus I. Kinnear
Originalmente publicado na Inglaterra
com o título *Changed Into His Likeness*
Copyright da edição brasileira ©2020, Editora Vida
Edição publicada com permissão da CLC Ministries
International (Fort Washington, PA 19034, EUA)

■

*Todos os direitos desta obra reservados
por Editora Vida.*

Proibida a reprodução por quaisquer
meios, salvo em breves citações,
com indicação da fonte.

Todos os grifos são do autor.

■

Scripture quotations taken from Bíblia Sagrada,
Nova Versão Internacional, NVI ®.
Copyright © 1993, 2000, 2011 Biblica Inc.
Used by permission.
All rights reserved worldwide.
Edição publicada por Editora Vida,
salvo indicação em contrário.

Editor responsável: Gisele Romão da Cruz
Tradução: Jurandy Bravo
Revisão de tradução: Josemar de Souza Pinto
Revisão de provas: Letteria Editorial
Projeto gráfico e diagramação: Claudia Fatel Lino
Capa: Arte Vida

Todas as citações bíblicas e de terceiros foram
adaptadas segundo o Acordo Ortográfico da
Língua Portuguesa, assinado em 1990,
em vigor desde janeiro de 2009.

1. edição: mar. 2020

Dados Internacionais de Catalogação na Publicação (CIP)
(Câmara Brasileira do Livro, SP, Brasil)

Nee, Watchman
    Transformados à sua imagem / Watchman Nee ; [tradução Jurandy Bravo].
-- São Paulo : Editora Vida, 2020.

    Título original: *Changed into his likeness.*
    ISBN 978-85-383-0413-5

    1. Bíblia. Gênesis - Literatura devocional I. Título.

19-31440   CDD-222.11

Índices para catálogo sistemático:
1. Bíblia : Gênesis : Literatura devocional   222.11
Cibele Maria Dias - Bibliotecária - CRB-8/9427

Sumário

Prefácio 7
1. Três homens notáveis 9

Abraão: a escolha divina

2. O ponto de partida para a restauração 23
3. Chamado e resposta 33
4. A vida comprometida 45
5. O homem na terra 55
6. O herdeiro e a prova do tempo 67
7. A aliança da graça 75
8. Os dons ou o doador? 83

Isaque: o filho concedido

9. A riqueza do filho de Deus 93
10. *Status* de herdeiro 101
11. Nova vida interior 111

Jacó: a real transformação

12. Pedras preciosas 121
13. O próprio remédio 131
14. A ferida divina 141
15. A face de Deus 151
16. Fruto de paz 159

Prefácio

Este livro nasceu de uma série de discursos proferidos nos primeiros meses de 1940 por Nee To-sheng, de Foochow, a cristãos chineses reunidos em Hardoon Road, Xangai. Tenho imensa dívida para com um amigo cujas notas, feitas em inglês na época, possibilitaram reproduzir esses discursos na presente forma sem nenhum acréscimo, a não ser o essencial para a amarração literária.

O autor começa pela exposição pragmática da história patriarcal, desenvolvida para oferecer, por analogia, uma solução para nossos problemas de fé e caminhada cristãs, apontando outra vez para a suficiência de Deus em Cristo ante o malogro humano. Alguns leitores talvez fiquem com a impressão de já terem ouvido grande parte disso, e pode ser que se sintam tentados a perguntar: "Sim, mas funciona de verdade na prática?". É, portanto, uma alegria avançar até os importantes capítulos finais do livro, nos quais, com lampejos reveladores, o autor extrai da mesma exposição um exemplo impressionante da transformação real e radical que Deus opera no homem, ou na mulher, comprometido de verdade com ele. Esses capítulos, creio, são uma contribuição valiosa para o entendimento dos caminhos do Senhor com todos os que são dele.

Angus I. Kinnear
Londres, 1967

CAPÍTULO 1

Três homens notáveis

No Antigo Testamento, quando Deus resolve assegurar para si um povo completamente livre da escravidão e separado para ele de maneira singular, e por isso aparece primeiro para Moisés na sarça em chamas, é impressionante que ele se identifique por meio de uma tríplice designação: "[...] 'Eu sou o Deus de seu pai, o Deus de Abraão, o Deus de Isaque, o Deus de Jacó' [...]" (Êxodo 3.6). Mais adiante, Deus envia Moisés aos israelitas a fim de anunciar sua intenção para com eles; a mesma expressão tríplice surge como uma espécie de refrão ao longo do pronunciamento divino: "[...] 'Diga aos israelitas: O Senhor, o Deus dos seus antepassados, o Deus de Abraão, o Deus de Isaque, o Deus de Jacó, enviou-me a vocês. Esse é o meu nome para sempre, nome pelo qual serei lembrado de geração em geração. Vá, reúna as autoridades de Israel e diga-lhes: O Senhor, o Deus dos seus antepassados, o Deus de Abraão, de Isaque e de Jacó, apareceu a mim [...]' " (v. 15,16).

Ora, com certeza não erraríamos se nos perguntássemos: *Por que esse refrão tríplice?* Ainda mais que o próprio Senhor Jesus usa a mesma expressão em uma passagem registrada em cada um dos três primeiros Evangelhos. "E quanto à ressurreição dos mortos, vocês não leram o que Deus disse: 'Eu sou o Deus de Abraão, o Deus de Isaque e o Deus de Jacó'? Ele não é Deus de mortos, mas de vivos!" (Mateus 22.31,32). Gostaríamos de saber por que Deus emprega essa tríplice denominação quando se identifica à humanidade? Qual a importância para nós, seus filhos, desses três nomes recorrentes?

O apóstolo Paulo nos assegura que as Escrituras contêm o que foi escrito para nosso aprendizado, e aqui está algo para o que tanto o Antigo quanto o Novo Testamento chamam nossa atenção. Isso sugere que na antiga dispensação, bem como na nova, Deus segue idêntico princípio. No Antigo Testamento, ele apareceu para Moisés com a intenção de chamar Israel para fora do Egito a fim de torná-lo seu povo escolhido. No Novo Testamento, Jesus apareceu na ressurreição para o núcleo de um novo povo segundo sua escolha. Se é verdade que os que fomos salvos por sua graça pertencemos a esse povo, não podemos esperar com toda a confiança que conosco ele siga o mesmo princípio?

De novo, o que Deus quer dizer quando fala em "Israel"? Existe um significado mais amplo para esse termo do que parece na superfície? Antes de responder, vamos dar uma olhada no fim da carta de Paulo aos gálatas, na qual ele escreve sobre a nova criação em que não há nem judeu, nem grego (v. Gálatas 3.28; 6.15), mas em que todos encontram uma base comum na cruz de Cristo. Desejando paz e misericórdia para todos que estão em Cristo, ao se referir a tais pessoas, Paulo usa a expressão "o Israel de Deus" (Gálatas 6.16). Pois digo que nós, os que cremos no Senhor Jesus, *somos* o Israel de Deus. Somos um com todo o verdadeiro Israel, não um povo separado.

Mais que isso ainda: se Deus nos escolheu para sermos dele, estamos certos em nos perguntar que história devemos viver debaixo da sua mão a fim de constituir o povo de Deus. Com certeza, a resposta para essa dúvida nos será concedida ao estudarmos a vida e as experiências desses três homens notáveis. Pois Abraão, Isaque e Jacó são detentores de um *status* especial na providência divina como ninguém mais. Deles é o privilégio de nos conduzir a todos nós a Deus de maneira singular.

Retornemos ao início. Como todos sabemos muito bem, Adão cedeu à tentação de duvidar do amor de Deus, por isso caiu de seu grande destino, sujeitando-se à condenação e à morte. Todos os seus descendentes seguiram o curso por que ele enveredou — menos Noé. Essa exceção, Noé, foi um homem justo e irrepreensível. Ele achou graça aos olhos do Senhor.

Contudo, só houve um Noé, e não temos nenhum indício de como Deus lidou com ele para levá-lo ao lugar em que Noé "andou com Deus". Noé era um homem justo, mas a Bíblia não nos diz se ele foi uma escolha especial de Deus, nem como o Senhor lidou com ele para torná-lo justo. Quanto a essa questão em particular, portanto, Noé não tem nada para nos ensinar, embora, claro, sua história tenha muitas outras lições para nos dar.

No entanto, ao chegarmos a Abraão é que encontramos o primeiro exemplo de homem escolhido por Deus. Ele era idólatra — todavia, Deus o escolheu. "[...] 'Há muito tempo, os seus antepassados, inclusive Terá, pai de Abraão e de Naor, viviam além do Eufrates e prestavam cultos a outros deuses. Mas eu tirei seu pai Abraão da terra que fica

11

além do Eufrates e o conduzi por toda a Canaã e lhe dei muitos descendentes [...]' " (Josué 24.2,3). Sim, Deus escolheu esse adorador de ídolos, pegou-o e disse: "Ele é meu". Por vontade própria, Deus o escolheu. Hoje todo o seu povo é assim. Cada um do seu povo reagiu ao amor de Deus, provou da sua salvação e agora se encontra entre seus escolhidos. Deus tem um povo cujo ponto de partida é a escolha do próprio Deus recaindo sobre cada um que o compõe.

Claro, Abraão ainda não era uma nação, tampouco Isaque. Nem mesmo Jacó, até se tornar Israel. No entanto, quando Israel foi chamado para sair do Egito, enfim Deus teve um povo de sua propriedade. Portanto, pode-se dizer que o povo de Deus teve dois inícios: Abraão, o homem, e Israel, a nação. Primeiro vieram os homens de fé, um a um. Depois que eles abriram o caminho, seguiu-se o reino de Israel em plenitude. O tratamento dispensado por Deus a Abraão, a seu filho e a seu neto possibilitou tudo que aconteceu depois. Assim, podemos dizer que a nação está fundamentada nesses pioneiros. Sem eles, não haveria um Israel. Em última análise, é a experiência combinada desses três que responde pelo curso seguido pelo povo de Deus sobre a terra.

Você se pergunta sobre a posição especial conferida a Abraão, Isaque e Jacó? Com certeza, ela tem a ver com o fato de o nome, o caráter de Deus, estar vinculado a esses homens. Ele *é* o Deus deles. Quando se dirige à humanidade, Deus assim se identifica muitas vezes. Vimos também que Jesus os nomeia como prova da ressurreição. Além disso, em Lucas 13.28 ele menciona: "[...] quando vocês virem Abraão, Isaque e Jacó e todos os profetas no Reino de Deus [...]".

Mais uma vez, só esses três são particularizados pelo nome. Tudo converge para eles. Por que ocupam essa posição?

Historicamente, isso acontece porque, como dissemos, Deus desejava um povo. E hoje acontece porque o atual objetivo do Senhor é este mesmo: separar dentre as nações um povo *"para o seu nome"* (Atos 15.14). A história desse povo começa com Abraão porque Deus começa com Abraão. Deus operou na vida desse homem porque ele haveria de ter uma experiência especial para transmitir, e claro que o mesmo vale para Isaque e Jacó. Com cada um deles, Deus avançou em direção ao mesmo objetivo, qual seja, intermediar para seu povo, por meio de si mesmo, uma experiência singular com ele.

Ademais, conquanto seja fato que Deus começou a criação de um povo com Abraão, não o possuiu, é evidente, até se completar a história de Jacó e já se divisar as 12 tribos. Por conseguinte, o que os três passaram deve compor *em conjunto* a experiência espiritual de todo escolhido de Deus. A história de apenas um ou dois desses três não basta. Nada unilateral satisfará as exigências divinas. Não deveríamos nos contentar com um prazer apenas parcial. Na condição de Israel de Deus, devemos ter, não importa em que pequena medida, a plena experiência de todos os três homens. É a intenção de Deus que todo seu verdadeiro povo diga de si mesmo: "Ele é *para mim* o Deus de Abraão, e de Isaque, e de Jacó". Não nos detenhamos antes de atingir esse ponto. Sem dúvida, Ismael poderia chamá-lo de "o Deus de Abraão", mas não basta. Esaú poderia ir além e dizer: "o Deus de Abraão e Isaque". Tampouco é suficiente. A experiência espiritual não se resume a Abraão e Isaque. O nome de Jacó também precisa ser incluído. Para o verdadeiro Israel, o Senhor é o Deus de todos os três pais da nação.

Muitos filhos de Deus reclamam: "Algo me falta; tenho consciência de uma necessidade; no entanto, sou incapaz de definir o que preciso". Em algum ponto da nossa história, muitos de nós buscamos de Deus a "segunda bênção", em geral com uma ideia pouco clara de qual seria o conteúdo dessa bênção. Permita-me dizer a você que ela contém não apenas uma, mas três coisas. Nas páginas que seguem procuraremos apresentar, com base na história dos três patriarcas, qual a natureza da bênção tríplice que Deus tem para o seu povo.

Deus é a verdadeira origem, de quem brota toda a sua criação. Nada mais apropriado que tomarmos emprestadas aqui as palavras do Senhor Jesus, que disse: "[...] 'Meu Pai continua trabalhando até hoje, e eu também estou trabalhando' " (João 5.17). Uma lição que todos precisamos aprender: de nós nada se origina. Só Deus é autor de tudo (v. Gênesis 1.1; 1Pedro 1.3-5). Isso mexe com nosso orgulho, mas o dia em que enxergamos esse fato é um dia feliz para nós. Significa que, no que diz respeito aos valores eternos, reconhecemos que tudo vem de Deus.

Abraão não se parecia nada com Noé. Pelo que tudo indica, Noé sobressaía como justo em nítido contraste com todos a seu redor. Abraão, por sua vez, era igual a todos os vizinhos, um idólatra. Em tais circunstâncias, Deus o escolheu. Não houve um ponto de partida que se iniciasse em Abraão. Deus tomou a iniciativa. Nada é mais precioso que a soberania de Deus. Abraão nunca pensou em Canaã como seu objetivo. Ele partiu sem saber qual era seu destino, mas em resposta a um chamado divino.

Bendito o homem que não sabe de nada! No caso de Abraão, ele não sabia nem "para onde estava indo" (Hebreus 11.8). Quando compreendemos de fato que Deus é o autor de tudo que interessa na vida, deixamos de lado toda a arrogância acerca do que faremos. Declaramos com alegria: "Se o Senhor quiser".

Até o filho de Abraão veio de Deus e teve de ser concedido de modo único. Nada que se originasse do próprio Abraão, incluindo Ismael, seu outro filho, serviria ao propósito divino. Abraão descobriu que Deus era Pai, a origem, a fonte de tudo. Sem ele, não existe absolutamente nada. A menos que Deus o faça, nós não podemos nada. Tendo aprendido essa lição, começamos a ser "o povo de Deus".

Isaque é o filho por excelência. Ele ilustra de maneira notável a obra de Deus em Cristo. O apóstolo Paulo deixa isso muito claro para nós em Gálatas, ao afirmar que Isaque, o herdeiro, nasceu "segundo o Espírito", e os que somos de Cristo somos chamados de "descendência de Abraão e herdeiros segundo a promessa" (4.29; 3.29). "Mas, quando chegou a plenitude do tempo, Deus enviou seu Filho, nascido de mulher, nascido debaixo da Lei, a fim de redimir os que estavam sob a Lei, para que recebêssemos a adoção de filhos. E, porque vocês são filhos, Deus enviou o Espírito de seu Filho ao coração de vocês, e ele clama: 'Aba, Pai' " (4.4-6).

Abraão se distingue pelo que fez, pelo grande movimento iniciado com ele. Jacó se notabiliza por todo o sofrimento que atravessou. Entre esses dois grandes homens, está Isaque, homem bastante comum, sem nada de especial, exceto a própria banalidade. Lendo a narrativa de Gênesis, não encontramos nenhum grande feito pelo qual Isaque se destaque.

Observe os fatos a seguir. Abraão, pelo que está escrito, acumulou grande fortuna; não foi o caso de Isaque, que apenas recebeu uma herança. Isaque não fez nada para conquistá-la, nada para trazê-la à existência. Quais os seus feitos reais? Lemos que ele cavou determinados poços, mas, quando examinamos o relato de Gênesis 26, na mesma hora ficamos com a impressão de que ele apenas desobstruiu os poços outrora cavados por seu pai e que tinham sido cheios de terra.

Sendo assim, qual lição Isaque nos ensina? Esta: não temos nada que não nos tenha sido concedido. Se nada teve origem em mim, com certeza nada, da mesma forma, foi por mim alcançado. Como Paulo coloca: "[...] O que você tem que não tenha recebido? [...]" (1Coríntios 4.7). A experiência de Abraão é preciosa para nós, ensinando-nos que Deus é nosso Pai, nossa fonte de tudo. Mas a experiência de Abraão sem a de Isaque não basta. Deus também é o Filho, o que foi dado. Todos sabemos que o perdão dos pecados é uma dádiva que precisa ser recebida. O mesmo acontece com a vitória sobre o pecado. Não temos nada de nós mesmos que em essência não seja uma dádiva divina. Descobrimos então que, para Isaque, Deus prometeu exatamente o que já confiara a Abraão (v. Gênesis 26.3-5).

Isaque nasceu rico. Não progredimos nem avançamos até alcançar a riqueza: nascemos ricos. Isso vale para cada experiência espiritual que temos como cristãos. Por exemplo, "a lei do Espírito de vida", que "me libertou da lei do pecado e da morte" (v. Romanos 8.2) é algo com que posso contar *em Cristo Jesus*, não em mim mesmo. Não me pertence como algo que tivesse alcançado; apenas a recebi. É como o milagre da vida, que mantém os pássaros no ar desafiando a gravidade. Essa lei foi designada para nos libertar do pecado e da morte; é um presente de Deus para nós. Mas quantos de nós, cristãos, conhecemos de fato seu segredo? Não admira que os pardais pensem que não temos um Pai celestial como o deles! Todavia, ser rico quando se nasce rico com certeza não é problema.

Dissemos que o princípio da vida de Isaque é o princípio do recebimento. Isso pode ser observado na diferença entre as esposas dos três homens que estamos analisando. Nada sabemos de Sara ou de onde ela vinha, exceto que era meia-irmã de Abraão. Também que ele a levou consigo de Ur dos caldeus. Jacó era um homem que barganhava tudo, inclusive a esposa. Fazia as próprias escolhas. Isaque nem chegou a pôr os olhos em Rebeca antes de ela ser escolhida. Seu pai disse quem ela devia ser, escolheu-a, mandou buscá-la, pagou o dote devido. No papel de filho, Isaque não recebeu nada. E nós, perante Deus, não possuímos nada que não seja dádiva dele.

Chegamos então a Jacó. Ele nos presenteia com outro princípio importante da relação de Deus com seus filhos. Muitos de nós conseguimos ver que Deus é a fonte de tudo. Aceitamos, pelo menos em teoria, que precisamos receber tudo por seu intermédio. Por que então tantos de nós não aceitam a dádiva, mas partem para lutar por ela? A resposta é que o princípio de Jacó, o princípio da força natural, exerce grande domínio sobre nós. Temos absoluta certeza de que devemos alcançar o objetivo divino por nossos esforços.

Por isso nenhum ensino acerca da vitória sobre o pecado e nenhuma doutrina de santificação estão completos se não lidarem de maneira radical com a força da nossa natureza.

Sem esse elemento essencial, os resultados produzidos são apenas transitórios.

Nós que estamos em Cristo somos herdeiros segundo a promessa, mas a herança que recebemos no Filho, e o caminho que Deus quer que percorramos desfrutando dessa herança, dependem do toque divino em nossa força natural. Jacó era um homem muito inteligente e habilidoso. Não havia nada que não pudesse fazer. Enganou o próprio irmão, ludibriou o pai e deu um jeito de aliviar o tio de todos os seus bens. No entanto, essa inteligência e esse talento para a autopromoção não tinham lugar na vontade e no plano de Deus para ele. Precisaram ser reduzidos a nada, e as experiências de Jacó pelas quais isso foi feito ilustram bem a obra disciplinar do Espírito Santo.

Tudo em que Jacó punha a mão dava errado, desde que ele nasceu. Quando do nascimento dos gêmeos, ficamos sabendo que a mão de Jacó segurava o calcanhar do irmão, mas nem por isso ele foi o irmão mais velho. Astucioso, ele procurou assegurar para si o direito de primogenitura, mas na verdade se viu obrigado a deixar sua casa e fugir. Determinou em seu coração ter Raquel como noiva, mas se descobriu casado primeiro com Lia. Acabou partindo de Padã-Arã levando grande riqueza, a maior parte amealhada por meios duvidosos, mas precisou se preparar para entregá-la toda ao irmão Esaú, na viagem de volta para casa, a fim de salvar a própria vida. Aqui está a disciplina do Espírito. A mão de Deus julga tudo que Jacó faz enquanto Jacó confia na própria habilidade. Pessoas especialmente inteligentes têm de aprender, se necessário pelo sofrimento, que não vivemos pela sabedoria dos homens, mas por Deus.

Jacó aprendeu uma grande lição. Estava prestes a perder tudo, todas as coisas que acumulara e pelas quais trabalhara. Pensou em uma maneira de encontrar o irmão e arquitetou um plano que, esperava, acalmaria Esaú e o ajudaria a salvar a própria pele. Mas então encontrou Deus. E ficou manco. Deus tocou Jacó *em pessoa*. Até aquele dia, ele fora Jacó, "o suplantador". Daquele dia em diante, foi Israel, "um príncipe com Deus". Aqui se iniciou o reino. Não exageramos os fatos quando dizemos que a partir de então ele passou a ser um homem diferente. Quem enganara as pessoas agora era por elas enganado, inclusive pelos próprios filhos. O velho Jacó ardiloso teria enxergado com facilidade a mentira que eles contaram. O novo Jacó caiu como um patinho. Acreditou neles e chorou, dizendo: "[...] 'É a túnica de meu filho! Um animal selvagem o devorou! José foi despedaçado!' " (Gênesis 37.33).

Esse ponto, do esfacelamento da força natural, é o ponto a que todo o povo de Deus precisa chegar. "E Jacó ficou sozinho. Então veio um homem que se pôs a lutar com ele até o amanhecer" (Gênesis 32.24). Podemos resistir bastante bem na escuridão, mas a luz de Deus é nossa destruição. É o nosso fim. Essa é a disciplina do Espírito.

Abraão via Deus como Pai. Provou dele como a fonte de todas as coisas. Isaque recebeu a herança como filho. É uma bênção ter uma dádiva dispensada a nós por Deus. Todavia, podemos nos apoderar até do que recebemos e desperdiçar. Jacó tentou fazer isso, e só foi salvo das consequências ao ter sua força natural anulada. Nossa experiência deve incluir um dia em que isso aconteça. A característica daqueles que conhecem de verdade Deus é não terem fé alguma na própria competência. Não dependem de si mesmos. Quando Jacó aprendeu essa lição, começou a existir de verdade um Israel de Deus.

Deixe-me dizer uma coisa para tranquilizar você. Deus não espera encontrar quem já tenha "nascido bom" naturalmente e, portanto, não tem a menor necessidade de ser por ele tratado. Bem sabe ele que estes são impossíveis de achar. Por isso escolhe gente comum como você e eu, disposta a receber o dom da graça e ainda se sujeitar de boa vontade a essa disciplina a fim de não abusar de sua dádiva. Abraão revela o *propósito* divino ao escolher a nós, pecadores. Isaque nos mostra a *vida* divina, disponibilizada para nós no dom do Filho. Jacó apresenta os *caminhos* de Deus no tratamento que nos é dado pelo Espírito Santo a fim de conservar e expandir o que recebemos. Ele põe fim à nossa velha natureza obstinada a fim de abrir caminho para nossa nova natureza em Cristo operar em pronta cooperação com Deus. Portanto, o Espírito se move para atingir os objetivos de Deus por meios próprios. Essa é a finalidade de todo tratamento divino dispensado aos que são dele.

Abraão: a escolha divina

CAPÍTULO 2

O ponto de partida para a restauração

Começamos com Abraão porque assim começa o plano divino da redenção. Quando abrimos o Novo Testamento, as primeiras palavras que lemos são: "Registro da genealogia de Jesus Cristo, filho de Davi, filho de Abraão" (Mateus 1.1). E de imediato segue a genealogia: "Abraão gerou Isaque; Isaque gerou Jacó; Jacó gerou Judá e seus irmãos" (v. 2). Logo, não pode haver dúvida quanto à importância de Abraão. Além disso, de todos os personagens do Antigo Testamento, aquele cujo nome mais frequenta os lábios do Senhor Jesus é ele: "[...] 'antes de Abraão nascer, Eu Sou!' " (João 8.58), afirma Jesus. "Abraão, pai de vocês, regozijou-se porque veria o meu dia; ele o viu e alegrou-se" (v. 56).

Tudo começou com Abraão; ele é o ponto de partida de tudo na redenção e no propósito de Deus. O apóstolo Paulo nos conta que Abraão "é o pai de todos os que creem" (Romanos 4.11). Não Adão, mas, sim, Abraão; pois Adão só é o ponto de partida do pecado humano. Dos seus dias em diante, o pecado reinou.

Claro, entre os homens que sucederam a Adão havia quem brilhasse feito luz na crescente escuridão da sua época.

Abel era bom; ofereceu sacrifícios de acordo com a vontade de Deus, mas só por si mesmo. Não foi objeto de particular escolha ou preparação em termos do propósito divino. Enoque também foi apenas um indivíduo em sua caminhada com Deus, e o mesmo aconteceu com Noé. Nenhum desses três foi objeto de uma escolha especial da parte de Deus no que diz respeito à restauração do que fora perdido por Adão.

Abel, Enoque, Noé: todos os três adoravam a Deus. Abraão não; ele adorava ídolos. As coisas tinham ido de mal a pior, até os homens em Ur dos caldeus e de todas as outras cidades se tornarem idólatras. Abraão, Naor e o pai deles, Terá, não eram diferentes: "[...] prestavam culto a outros deuses" (Josué 24.2). Por si só, Abraão não se comparava moralmente a nenhum dos três homens que o antecederam: Noé, Enoque ou Abel. Por natureza, estava no mesmo nível de Adão depois da Queda, ou de Caim. No entanto, foi ele o ponto de partida da restauração divina.

Não foi por meio de nenhum dos predecessores de Abraão que Deus resolveu lidar com a situação criada pelo pecado. Abraão foi o primeiro por intermédio de quem ele fez isso.

Entre Adão e Abraão, Deus trabalhou com homens na condição de indivíduos. Em Abraão, ele foi além e começou a lidar com a questão do pecado racial. Todo o movimento divino para destruir as consequências da Queda começa com ele.

A redenção é concluída e aperfeiçoada em Cristo, mas começou com Abraão. Cristo é o centro, o coração do propósito redentor de Deus. É o ponto central da linha da restauração, da qual o Reino de Deus em plenitude é o fim e

Abraão, o ponto de partida. Pois Abraão não foi chamado e escolhido por si mesmo, mas por causa dos seus descendentes. Deus o chamou para ser seu vaso ao lidar com uma tragédia, não a fim de receber algo só para si. Receber e dispensar graça são coisas diferentes.

Quando o homem caiu, Deus não tomou nenhuma atitude imediata. Julgou o mundo nos dias de Noé, mas ainda sem fazer nada para redimi-lo. Só a partir de Abraão, o Senhor começou a tratar da situação em seu âmago. Abraão foi chamado para que por seu intermédio Deus pudesse lidar com todo o problema terrível do pecado.

Já nos primeiros momentos do chamado de Deus a Abraão, podemos ver o objetivo divino declarado sem rodeios. "Então o SENHOR disse a Abrão: 'Saia da sua terra, do meio dos seus parentes e da casa de seu pai, e vá para a terra que eu lhe mostrarei. Farei de você um grande povo, e o abençoarei. Tornarei famoso o seu nome, e você será uma bênção. Abençoarei os que o abençoarem e amaldiçoarei os que o amaldiçoarem; e por meio de você todos os povos da terra serão abençoados' " (Gênesis 12.1-3). Abraão foi chamado para uma herança, e isso diz respeito a terra. Ele também foi chamado para ser uma grande nação, e isso diz respeito a povo. Por meio dele, todas as nações seriam abençoadas, o que com certeza indica a esfera moral do seu chamado.

Toda a obra de Deus em favor do seu povo está relacionada a uma terra. Se fossem fiéis, haveriam de possuí-la; se não, a perderiam. Dessa terra, todos os inimigos seriam expulsos, e caberia ao povo escolhido o dever de ocupá-la para o Senhor. "A terra" é a ideia central do Antigo Testamento.

Deus quer uma terra para os que são dele. O problema aqui não é a Terra. Deus a perdeu na Queda. Tampouco se trata do céu. Claro, o céu nunca foi problema. Um dia, sem dúvida, a questão será recuperar a Terra. Deus deseja a Terra inteira de volta, e seu desejo será concretizado na plenitude do Reino. Antes que esse dia chegue, no entanto, ele quer ter uma terra. Quer algo sobre o que possa defender sua posição. A terra lhe pertence. Ao menos é um lugar onde pode se revelar, ser ouvido e visto, e a partir do qual pode transmitir aos homens as suas leis. Primeiro ele possui a terra, então terá a Terra.

Hoje Deus ainda tem "uma terra" na Terra, apesar de ela não se constituir de um torrão único. No passado, ela foi o território e o reino completo de Israel. Hoje é a Igreja, onde quer que ela encontre expressão local — Antioquia, Tessalônica, Éfeso. Continua sendo "a terra" porque sobre ela se levanta o corpo de Cristo. A obra de restauração promovida por Deus começa com a terra. Por conseguinte, todo aquele que crê pode representar Deus e sua vontade no lugar em que vive e trabalha. Pode ocupar um pedaço do território e guardá-lo para o Senhor.

A restauração de toda a Terra se baseia na restauração dessas porções hoje. Enquanto o povo de Deus ocupou a terra, Deus foi aquele "que possui os céus e a terra" (v. Gênesis 14.19, *Almeida Revista e Atualizada*). A partir do momento em que eles perderam a terra, ele passou a ser chamado só de "Deus dos céus". Abraão já estava na terra quando Melquisedeque o encontrou, depois da batalha dos reis. Por isso, ele pôde dizer ao rei de Sodoma: "[...] 'Levanto a mão ao Senhor, o Deus Altíssimo, o que possui os céus e a terra' " (Gênesis 14.22, *Almeida*

Revista e Atualizada). Contudo, chegou o tempo em que Israel perdeu a terra, e então Neemias escreve: "[...] Passei dias lamentando-me, jejuando e orando ao Deus dos céus" (Neemias 1.4). Porque perderam o controle da terra, a Terra está perdida para Deus.

Ou seja, a terra não é um fim em si mesma, mas representa a Terra inteira. Em última análise, Deus está pensando em termos amplos. "Bem-aventurados os humildes", diz Jesus, "pois eles receberão a [Terra] por herança" (Mateus 5.5).[1] Esta nossa Terra, que retornará em plenitude para Deus no fim da presente era, está sendo reconquistada agora pelos humildes. Exatamente como no Antigo Testamento a terra de Israel era uma espécie de penhor da reivindicação divina sobre toda a Terra, assim as diferentes porções em que seus filhos o representam são agora penhor de seu direito soberano sobre a Terra inteira hoje. Deus quer não apenas que preguemos o evangelho e edifiquemos e desenvolvamos sua Igreja, mas em especial que nos posicionemos nesta Terra por ele.

O paralelo neotestamentário para "a terra" é a expressão "o Reino dos céus", encontrada nos Evangelhos. A terra era o âmbito sobre a Terra em que a Palavra de Deus governava, o lugar onde o poder divino era efetivo. Quando o Novo Testamento fala em Reino dos céus, tem em vista apenas esse âmbito na Terra onde o governo de Deus é efetivo. A questão hoje é: os céus já reinam na Igreja? Com certeza, não o faz em nenhum outro lugar.

---

[1] Adotada a grafia Terra na citação do versículo respeitando a diferenciação estabelecida pelo autor entre "terra" (*land*, em inglês) e "Terra" (*Earth*). [N. do T.]

Penso que concordaremos que essa não é uma questão individual. Ela conclama os filhos de Deus em determinado local para que se submetam em conjunto ao governo divino, de modo que, por meio deles, seu governo se efetive nesse lugar. Não se trata apenas da pregação do evangelho, mas da presença do Reino. O evangelho da graça é para a salvação de pecadores. O evangelho do Reino tem a intenção de trazer de volta para Deus a Terra que já lhe pertence por direito. A menos que nossa atuação afete a Terra dessa maneira, ele não está alcançando o propósito divino.

Deus levou muito tempo para estabelecer Abraão na terra da promessa. Assim que Abraão se afastou um pouco dela, indo ao Egito ou a Gerar, colocou-se em posição de derrota moral. Espiritualizamos esses fatos e deles extraímos lições acerca da caminhada pessoal de Abraão com Deus. Agindo assim, contudo, podemos subestimar algo importante: Deus queria a terra porque Deus quer a Terra.

Em segundo lugar, o chamado de Abraão era não só uma questão de terra, mas também de povo. "Farei de você um grande povo [...]" (Gênesis 12.2). Foi essa a motivação divina que o fez chamar para si esse homem dentre um mundo de idólatras.

As condições sofreram alterações gigantescas desde os dias de Adão. Tendo sido julgado e castigado, nem por isso Adão se preocupou com a Terra como um todo. A única exigência imposta à sua geração era de piedade individual. Ou eles buscavam Deus ou não o buscavam. Com a geração de Noé, no entanto, algo diferente é estabelecido, a saber, uma lei (v. Gênesis 9.3-6). Aos homens, foi dada a oportunidade de cooperar uns com os outros debaixo de uma lei de

Deus ou, claro, também podiam optar por fazê-lo longe do Senhor. Dessa época em diante, o homem se tornou parte de uma organização. Babel é o grande resultado de a humanidade se organizar, e depois dela surgiu a Babilônia, a imitação falsificada do Corpo de Cristo. Na época, no começo do mundo como o conhecemos hoje, Deus selecionou Abraão com a visão de assegurar um povo para si.

No tempo de Adão, e no de Noé, Deus lidava com o mundo inteiro. A humanidade inteira deixou o Éden em Adão. No Dilúvio, o mundo inteiro foi submetido a julgamento. Essas foram as consequências desastrosas da Queda. Agora chegamos ao tempo de Abraão, e Deus iniciará uma obra que reverterá os efeitos da Queda. Como? Não retomará para si o mundo de maneira indiscriminada. Trabalhará para separar um povo por meio do qual possa vencer o mundo. Abraão é o começo da escolha de Deus, e foi chamado não só para reclamar uma terra para ele, como também para lhe assegurar um povo.

O relato do povo de Deus na Terra ocupa a maior parte do Antigo Testamento. Será que atinamos com o que significa dizer que Deus tem um povo na Terra? Imagine que estejamos vinculados a uma empresa com amplos interesses no exterior. Com que confiança anunciamos "Temos um homem em Tóquio, ou em Manila", referindo-nos a um representante nesse lugar! É exatamente o que Deus tem em seu povo na Terra, e assim ele se referiria a esse povo. No instante em que Israel se desviou de Deus para os ídolos, perdeu a posição de povo de Deus — e Deus perdeu seu povo. "[...] Porque a terra se prostituiu, desviando-se do SENHOR. [...] Ponha nele o nome de Lo-Ami, porque vocês não são o meu povo, nem eu serei o seu Deus" (Oseias 1.2,9, *Nova Almeida Atualizada*). Eles podiam cometer outros pecados e então seriam um povo pecador, mas continuariam na condição de povo de Deus. Todavia, quando caíram na idolatria, deixaram de ser seu povo. Ele os repudiara.

A nação de Israel devia ser testemunha de Deus, um povo que reverenciava sua presença. Onde Israel estava, Jeová também estava. Quando os inimigos os atacavam, era Deus que encontravam. Para mexer com eles, tinham de mexer com Deus. Enquanto foi fiel a Deus, Israel ocupou uma posição singular, apartada e superior à das outras nações. Isso se perdeu assim que cederam à idolatria. Onde Deus tem um povo agora, ele tem uma testemunha; onde não tem povo, não tem testemunha alguma.

No Antigo Testamento, o chamado de Abraão tem um caráter especial, ímpar. Não havia nada que se assemelhasse a ele, pois era a primeira grande reação divina à Queda, o início de sua resposta ao problema do pecado. Abraão devia revelar Deus como o Redentor que chama os homens de um mundo de idolatria para a fé nesse mesmo Deus.

O que é a Igreja hoje? O povo de Deus. Ou, nas palavras de Atos 15.14, "um povo para o seu nome". Como Deus um dia incumbiu Abraão do seu propósito, hoje ele incumbiu sua Igreja de tudo.

Por conseguinte, não basta só pregar o evangelho para a salvação individual. Isso precisa ser feito, e cada um de nós deve buscar ganhar indivíduos do mundo para a fé em Jesus Cristo. Mas compreendamos o motivo por trás dessa tarefa. Não se trata apenas de o pecador necessitar ser salvo e chegar a um local de segurança e felicidade. Deus quer um povo para si que o confesse diante dos homens. Cada filho de Deus nascido de novo deve ser ensinado a tomar o seu lugar no povo do testemunho. Pois hoje Deus não lida diretamente com as nações, mas por meio da Igreja, o seu corpo. É para assumirmos a parte que nos toca na tarefa que fomos chamados, e Deus deseja que encontremos nosso lugar.

CAPÍTULO 3

Chamado e resposta

Pode-se demonstrar que as atividades divinas na presente era têm dois aspectos importantes: a obra direta de Deus, de acordo com seu propósito eterno, e sua obra reparadora da redenção. Na revelação das Escrituras, as duas se entrelaçam. Podemos distingui-las, mas não separá-las. A obra de restauração contém um remédio para o pecado, bem como uma confirmação de seu propósito eterno para o homem.

Mesmo ao tratar do primeiro passo, a justificação, Deus sempre tem em vista seu alvo. Por isso Gálatas 3.8 nos diz: "Prevendo a Escritura que Deus justificaria os gentios pela fé, anunciou primeiro as boas-novas a Abraão: 'Por meio de você todas as nações serão abençoadas' ".

Abraão foi o primeiro homem a receber o chamado de Deus. Ele foi chamado porque foi escolhido; o chamado implica a escolha. E ele foi escolhido pelo único motivo de Deus se agradar de o ter escolhido.

No livro de Gênesis, Deus implementa três inícios: com Adão na Criação, com Noé depois do Dilúvio e com Abraão no momento do chamado. Noé foi enviado ao novo mundo, designado para governá-lo. Sua geração viu o começo da vida social organizada, da lei entre homem e homem. A legislação divina por meio de Noé foi concebida

33

para dar ao novo mundo um caráter moral, do qual, todavia, ele se desviou.

A tarefa de Abraão era diferente. Ele não foi chamado nem para administrar nem para legislar em benefício das nações deste mundo; na realidade, devia dar as costas para o mundo. Ele já tinha seu próprio país, mas precisava deixá-lo. Tinha uma família — para deixar. Tinha uma casa — para deixar. Saiu à procura da cidade que tem alicerces (v. Hebreus 11.10) quando ele mesmo não tinha cidade alguma. Era um peregrino. Diferentemente de Noé, não lhe cabia estabelecer ou aperfeiçoar nada. Noé tinha uma tarefa a cumprir: estabelecer a ordem e transmitir a instrução divina ao mundo. Abraão não transmitiu nada ao mundo a vida inteira. Era um peregrino, chamado para apenas passar pelo mundo. Em essência, seus vínculos eram com os céus.

Abraão foi chamado para deixar o mundo. "Pela fé Abraão, quando chamado, obedeceu e dirigiu-se a um lugar que mais tarde receberia como herança, embora não soubesse para onde estava indo" (Hebreus 11.8). Não existe chamado que não seja para partir. Abraão se sentia à vontade no mundo e sua ordem estabelecida, sua cultura avançada, seu orgulho legítimo pelas realizações, e ele foi chamado para deixar esse mundo a fim de cumprir o propósito de Deus. Isso é chamado divino. Não havia nada errado no modo de Noé lidar diretamente com o mundo a fim de torná-lo melhor; este fora o caminho designado por Deus para sua vida. Mas como isso não levasse a parte alguma, e por esse motivo Deus resolvesse implementar uma obra de longo prazo de restauração, ele começou chamando Abraão, não para melhorar o mundo, mas para ele sair do meio dele.

Hoje o princípio divino de atuação é o de Abraão, não o de Noé. Em Ur dos caldeus, o mundo não foi esquecido por Deus; apenas, em vez de lidar com ele sem intermediários, Deus decidiu fazê-lo por intermédio de Abraão. Por esse único homem, o Senhor lidaria com o mundo inteiro. Abraão era o vaso em que agora estavam depositados a sabedoria, o poder e a graça de Deus, a fim de que por intermédio dele o Senhor pudesse abrir a porta da bem-aventurança para todos os homens.

Como, então, podemos nos perguntar, *o escolhido como vaso de Deus para trabalho tão grandioso conheceria seu Deus?* Pois a responsabilidade depositada sobre esse único homem era tremenda. Usando a capacidade finita de o homem se expressar, o plano, a vontade e o propósito divinos para o homem dependiam de Abraão. Mantinham-se em pé ou caíam com ele. Será mesmo de admirar, portanto, que Abraão tivesse de passar por tantas provas e testes que o levassem a conhecer Deus para que os homens pudessem falar do "Deus de Abraão", e para que Deus pudesse se identificar por esse título sem uma violação moral?

Abraão, como vimos, é o pai de todos os que creem. Expressão interessante, pois nos mostra que todo o princípio espiritual é baseado em nascimento, não em pregação. Os homens não são transformados ouvindo uma doutrina qualquer ou acompanhando uma sequência de ensinamentos instrutivos. Eles são transformados pelo nascimento. Primeiro Deus escolheu um homem que cria, e dele nasceram as massas. Ao encontrar um homem que crê e é salvo, você se conscientiza de que ele tem algo que você não tem. Esse algo não é apenas informação, mas vida. Ele nasceu de novo.

Deus plantou a semente viva no solo do seu coração. Temos essa semente viva em nós? Se temos, precisamos dar à luz outras pessoas. Paulo falou de seus "filhos" na fé. Era o pai espiritual deles, não apenas seu pregador ou conselheiro.

As nações são benditas por intermédio de Abraão não por terem ouvido uma nova doutrina, mas porque receberam nova vida. A nova Jerusalém testemunhará a perfeição dessa bênção das nações. Abraão teve o privilégio de inaugurá-la.

A história desse homem se divide com naturalidade em duas partes: chamado (Gênesis 11—14), em que a terra é o tema central; e posteridade (Gênesis 15—24), em que, claro, Isaque é a figura predominante. Comecemos pela primeira delas.

Compreenderemos melhor o chamado se o virmos no contexto apropriado. "[...] 'O Deus glorioso apareceu a Abraão, nosso pai, estando ele ainda na Mesopotâmia, antes de morar em Harã [...]' " (Atos 7.2). Ninrode, o rebelde valente, estabelecera seu reino em Babel. Seus súditos ergueram a grande torre na terra de Sinear e tinham sido dispersos. As nações de toda parte, além de terem se esquecido de Deus, como vimos, também eram idólatras. O mundo inteiro adorava deuses falsos, e a família de Abraão não fugia à regra. Nisso ele era muito diferente de Abel, Enoque e Noé. Esses três parecem ter sido homens de fibra, impressionantes de tão distintos de todos que os rodeavam. Destacavam-se na multidão pela qual se recusavam a ser arrastados. Abraão, não. Nada o distinguia das pessoas à sua volta. Eram idólatras? Ele também era. Por quê, afinal de contas, haveria de ser diferente?

Chamado e resposta

A obra de Deus começou com esse homem. É evidente, portanto, que nunca esteve nele, em seu caráter íntegro ou determinação moral a escolha que sobre ele recaiu, mas em Deus. Por sua própria vontade, Deus o escolheu. Abraão aprendeu o significado da paternidade divina. Foi uma lição vital. Se ele não fosse igual a todo o resto, depois de ter sido chamado, poderia ter olhado para trás e baseado as novas circunstâncias em que se encontrava em alguma diferença fundamental em si mesmo. Mas ele não era diferente. A diferença estava em *Deus*, não em Abraão.

Aprenda a reconhecer a soberania divina. Aprenda a se regozijar no prazer de Deus. Essa foi a primeira lição de Abraão, qual seja, que Deus, não o próprio Abraão, era a origem. Nossa salvação procede inteiramente de Deus; não há razão em nós, em absoluto, pela qual ele devesse nos salvar. E, se isso vale para a salvação, também vale para tudo que se segue a partir dela. Se a fonte da nossa vida está em Deus, tudo mais também está. Nada começa em nós.

Atos 7 nos ensina que Abraão foi chamado por Deus ainda em Ur dos caldeus, antes de ir para Harã. Estêvão parte desse fato ao proferir as primeiras palavras perante o conselho judaico: "[...] 'Irmãos e pais, ouçam-me! O Deus glorioso apareceu a Abraão [...] antes de [ele ir] morar em Harã [...]' " (Atos 7.2). Era quanto bastava. O homem que contempla essa "glória" sabe que precisa dar uma resposta. Não pode agir de outro modo. O próprio Estêvão estava em maus lençóis quando pronunciou essas palavras; contudo, no fim de sua experiência terrível, ficamos sabendo (cf. v. 55) que, cheio do Espírito Santo, ele ergueu os olhos para o céu e viu a glória de Deus e Jesus, em pé, à direita de Deus.

Aquele que apareceu para Abraão no começo e aquele a quem Estêvão viu no final eram um e o mesmo Deus da glória. Em última análise, o que é uma pedra ou duas a mais para quem enxerga a glória de Deus?

Tanto o chamado de Abraão quanto a razão da sua resposta estão em Deus. A partir do momento em que você contempla o Deus da glória, tem de crer. Não pode fazer outra coisa. Portanto, foi pela fé — fé no Deus da glória — que Abraão, ao ser chamado, obedeceu à ordem de partir da sua terra.

Mas minha fé é pequena demais, você protestará. Eu jamais teria uma fé como a de Abraão!

Nesse ponto, o capítulo 11 de Gênesis vem em seu auxílio. Não fosse pelas palavras de Estêvão em Atos, nunca descobriríamos que Deus chamara Abraão quando ele ainda estava em Ur dos caldeus. Se só dispuséssemos do relato registrado em Gênesis, ficaríamos com uma impressão diferente. Em Gênesis 11.31, lemos: "Terá tomou seu filho Abrão, seu neto Ló, filho de Harã, e sua nora Sarai, mulher de seu filho Abrão, e juntos partiram de Ur dos caldeus para Canaã. Mas, ao chegarem a Harã, estabeleceram-se ali". Parece claro que os eventos descritos no versículo são subsequentes ao chamado proferido em Atos 7.2 e Hebreus 11.8. Ele ouvira o chamado e crera — no entanto, Terá, pelo que nos é dito, levou-o embora. Tal era o tamanho da fé de Abraão no início. Ele foi embora do seu país, mas só deixou para trás parte da família estendida e ninguém da casa do pai. Quem o conduziu foi o pai. Não sabemos como aconteceu, mas aquele que não fora chamado tornou-se aquele que assumiu a liderança, e quem fora chamado assumiu o papel de seguidor.

Chamado e resposta

Noé levou a família para dentro da arca com ele — a esposa, os filhos e as respectivas esposas, todos. Fora-lhe dito para agir assim; e o que ele fez estava certo, pois a situação no interior da arca era diferente. A arca tipifica a salvação, e a salvação de Deus é desenhada para abarcar cada indivíduo humano. Quanto mais forem os que se achegarem a Cristo pela fé, mais felizes devemos nos sentir. Mas Abraão levar consigo (ou acompanhar) os pais e o sobrinho Ló era errado. Pois a questão não era reunir indivíduos para a salvação. Abraão fora chamado para ser *ele próprio* um vaso escolhido em relação ao propósito divino — propósito esse desenhado a fim de abençoar todas as famílias da Terra. Não havia como levar nesse propósito outros que não tinham sido escolhidos para isso. Abraão cria, mas sua compreensão era falha e, portanto, sua fé era deficiente. Em outras palavras, ele não tinha nada de excepcional como alguém que cria; era idêntico a nós!

Mas Abraão foi conduzido pelo pai apenas parte do caminho rumo a Canaã; de repente, a movimentação deles cessou. "[...] ao chegarem a Harã, estabeleceram-se ali" (Gênesis 11.31). Abraão ouvira o chamado do Senhor, mas não lhe agradava o destino para o qual esse chamado o levava e, assim, não viu motivo para pagar tamanho preço de solidão. Isso explica por que *nós* murmuramos quando Deus lida conosco. Lembre-se de novo, esta não é a história de como um homem foi salvo, mas de como ele se tornou um vaso para uso nobre. Um vaso valioso ou um instrumento bem-acabado não pode ser criado sem o pagamento de alto preço. Só bens de qualidade inferior são baratos para produzir. Não entendamos mal o tratamento de Deus em nossa vida. Por intermédio de Abraão, o Senhor quis introduzir uma economia completamente nova em sua relação com o homem. Abraão, contudo, não se agradou desse fato. Tampouco sabemos o que Deus quer fazer *conosco*. Se ele usa provações e testes especiais, com certeza é com um propósito especial. Se nossa esperança está de fato em Deus, não há necessidade alguma de perguntarmos por quê.

De modo que Abraão partiu "de Ur dos caldeus [...] mas, ao chegarem a Harã, estabeleceram-se ali". Ele achou que bastava percorrer apenas metade do caminho. Todavia, a permanência em Harã foi um desperdício de tempo. Terá significa "demora", "duração". Os anos de sua vida se esvaíram e foram anos em que Deus não fez nada.

Então, quando Abraão já estava com 75 anos, sobreveio-lhe o segundo chamado divino: "[...] 'Saia da sua terra, do meio dos seus parentes e da casa de seu pai, e vá para a terra que eu lhe mostrarei' " (Gênesis 12.1). Abraão se revelara longe de meticuloso em termos de obediência até o momento, mas Deus — louvado seja seu nome! — não abriu mão dele. "[...] Depois da morte de seu pai, Deus o trouxe a esta terra, onde vocês agora vivem" (Atos 7.4). Com lágrimas, agradecemos a Deus por isso. Em Harã, tudo se detém, mas não existe nada mais precioso que a persistência divina. Por isso hoje somos cristãos; por isso seguimos em frente. A persistência paciente de Deus com Abraão o levou a Canaã. Não nos envergonhamos de reconhecer que, nessa vida de chamado e resposta, nada parte de nós mesmos; tudo vem de Deus. Permaneceríamos em Harã para sempre, mas a perseverança divina não abriria mão de nós. Que graça maravilhosa o fato de Abraão ainda poder se tornar "o pai de todos os que creem" (Romanos 4.11), mesmo depois de desperdiçar anos em Harã!

Em seguida, Abraão "levou sua mulher Sarai, seu sobrinho Ló, todos os bens que haviam acumulado e os seus servos, comprados em Harã; partiram para a terra de Canaã e lá chegaram" (Gênesis 12.5). Deus ordenara: "[...] vá para a terra que eu lhe mostrarei" (Atos 7.3). Enfim, ele alcançava seu destino. A transferência de Abraão para a terra tinha grande importância. A questão não era ele ser dono de um pedaço do território, pois na verdade nada ali lhe pertencia, mas o poder de Deus, que se apossava da terra inteira de Canaã. E de onde o poder de Deus se apossou tornou-se a herança de Abraão.

Assim acontece conosco hoje, porque esta é a questão: *nossa herança é o território que tomamos e mantemos para Deus*. Somos chamados por ele para determinada situação, para nela mantermos o governo soberano dos céus, e onde o Reino dos céus é efetivo, aí está nossa herança. Esse é o pesar dos nossos dias, que o povo de Deus não saiba manter o poder de Deus sobre a Terra. Eles conhecem a salvação individual, mas não o governo de Deus. No entanto, nossa herança está vinculada a isso; não podemos separá-la do poder de Deus. A menos que o governo de Deus seja estabelecido e seus inimigos derrotados, não temos herança nenhuma. Lembre-se do enigma de Sansão: "[...] 'Do que come saiu comida; do que é forte saiu doçura' " (Juízes 14.14). Quando o leão morre é que descobrimos o mel.

"Reino dos céus" significa, de um lado, que Deus é Rei. Por mais que pareça o contrário, ele tem domínio sobre a Terra. Por outro lado, significa que Deus é nosso. Ele é nosso

Deus para todo o sempre. Será que sabemos o que é declarar isso hoje, pela fé, aqui no lugar em que ele nos colocou? "Abraão atravessou a terra até o lugar do carvalho de Moré, em Siquém. Naquela época, os cananeus habitavam essa terra". (Gênesis 12.6). Esses topônimos são interessantes. Siquém quer dizer "um ombro" e pode conter a ideia de obediência. Moré significa "um professor" e sugere compreensão e conhecimento. Impressiona que essas duas ideias fossem reunidas nesse registro, pois o próprio Jesus disse: "Quem quiser fazer a vontade de Deus saberá [...]" (João 7.17, *Nova Tradução na Linguagem de Hoje*). Todo conhecimento é resultado de obediência; tudo mais não passa de informação. Quando fazemos a vontade de Deus é que *enxergamos* sua vontade. Abraão chegara à terra e agora começava a entender por quê.

Pois aqui o Senhor lhe apareceu, assegurando-o de que estava no caminho certo. "[...] 'À sua descendência darei esta terra' [...]" (Gênesis 12.7), disse ele. Nada menos que aquela terra inteira constituía sua herança. Agora, pela primeira vez, lemos que Abraão ofereceu sacrifício, edificando um altar ao Senhor que aparecera para ele. Esses altares são de oferta queimada, não pelo pecado. Representam o comprometimento total assumido por Abraão de si mesmo com Deus. Homem nenhum pode fazer uma coisa dessa antes de primeiro ver Deus. Mas, como foi o caso para Abraão, vê-lo uma vez é suficiente. Traz para fora tudo que temos.

Abraão não foi descansar em Siquém. "Dali prosseguiu em direção às colinas a leste de Betel, onde armou acampamento, tendo Betel a oeste e Ai a leste. Construiu ali um altar dedicado ao SENHOR e invocou o nome do SENHOR"

(Gênesis 12.8). Eis um segundo altar. Abraão o construiu na chegada a Canaã; quando ele viu Deus, compreendeu e se entregou. O segundo, ele o construiu no lugar onde armou sua tenda, o lugar que fez de habitação. Agindo assim, confessava que Deus o levara até ali para ficar.

Depois de visitar o Egito, ele voltou para o segundo altar. Era o local onde Deus queria que ele permanecesse. Um símbolo da futura concretização de todos os propósitos divinos.

A tenda de Abraão foi armada entre Betel e Ai. De novo, os dois topônimos são importantes. Betel quer dizer "a casa de Deus"; Ai, "um monte de ruínas". O local de residência de Abraão ficava entre eles, com Betel a oeste e Ai a leste. Lembre-se de que, mais adiante na história de Israel, o tabernáculo do testemunho se abria para o leste, de modo que quem entrava se voltava para o oeste. Aqui, no lugar de habitação de Abraão, o homem que olhasse para a casa de Deus teria as costas viradas para um monte de ruínas.

Há uma lição aqui para nós. Ai nos lembra de que a velha criação está sob julgamento. Betel, não Ai, é o lugar onde Abraão reside (v. Gênesis 13.3), o lugar onde, por seu intermédio, o poder de Deus será sentido em toda a terra. E Betel é a casa de Deus, ou, em termos neotestamentários, a Igreja, o corpo de Cristo. Indivíduos não podem exercer sobre a Terra o governo soberano dos céus; só o corpo, a comunidade dos que creem em Cristo, é capaz disso. Contudo, para chegarmos a esse ponto, temos de deixar para trás um monte de ruínas! Só trazemos o Reino dos céus à Terra depois que nossa força natural foi reduzida a zero na cruz e sobrevivemos pela vida comum do novo homem em Cristo. Esse é o testemunho de Canaã.

CAPÍTULO 4

A vida comprometida

Ao longo de todo o período de Adão até Abraão, Deus falou aos homens. Não nos é dito, no entanto, que lhes tenha aparecido. Sua primeira aparição foi para Abraão na Mesopotâmia (v. Atos 7.2). Deus estava reivindicando seus direitos sobre um homem. Um gesto completamente novo da sua parte, também pelo fato de acontecer em Canaã. No Dilúvio, Deus julgou o mundo inteiro; não tocou em terra alguma, nem reivindicou nenhuma terra para si. Mas agora, em Abraão, pôs o homem da sua escolha *na terra da sua escolha*, de modo que agora aparece para esse homem nessa terra.

Na ocasião em que esse homem foi chamado de Ur dos caldeus, a situação das coisas pelo mundo como um todo se tornara tão ruim que não seria fácil piorá-la. Ao longo de muitos anos, só Enoque e Elias foram trasladados. Do desastre do Dilúvio, uma única família saíra com vida. Agora, no mundo de Abraão, nada melhorara. A arca cumprira seu papel, mas a família que fora salva fracassara. O desfecho daquela geração foi a conspiração em Babel e depois a idolatria mundial.

Deus, porém, não fora derrotado. Ele não fracassara, mesmo que parecesse. Depois de tudo isso, ele — o Deus da glória — se revelou. Pois é o Ômega, bem como o Alfa.

Sobrevive e transcende a todo fracasso humano. Nada é mais estável, mais duradouro, que a glória de Deus. A glória do homem se desvanece e acaba; a divina é infalível e inabalável. Impossível frustrar Deus. Ele não pode ser derrotado. Depois de dois mil anos de pecado do mundo (ou qual tenha sido a duração desse período), o Senhor é revelado ainda como o Deus da glória! Sempre há nova esperança nele.

Abraão foi o primeiro "amigo de Deus". Compartilhava dos pensamentos divinos. Deus não apenas se revelou para ele, como também compartilhou com ele os próprios planos — tornando conhecidas de Abraão as suas intenções. "Não operarei um milagre repentino dos céus, mas me manifestarei por *seu* intermédio."

Esse plano assombroso de Deus deve ter sido muito difícil de compreender para Abraão. Para nós, não é tão difícil entender o fato da salvação pessoal, reconhecer que Deus chegou tão longe a um custo muito alto para nos resgatar em nosso estado de necessidade extrema; quando se trata da questão do propósito divino, no entanto, nossa mente finita não é grande o suficiente para assimilá-lo. Assim, descobrimos aqui que Deus não só se mostrou para Abraão, como também lhe falou com clareza. Explicitou para ele o que faria.

Tampouco é fácil esquecer a graça salvadora de Deus a partir do momento em que a recebemos; mas é muito fácil perder de novo a visão do propósito eterno de Deus. Não encontramos dificuldade alguma para perder de vista o que Deus quer que façamos! Uma pequena sobrecarga de trabalho — na verdade, poderíamos dizer em uma pequena sobrecarga de trabalho *para Deus* —, é mais do que capaz de desviar nossos olhos da visão maior. Por isso Deus não só apareceu de novo a Abraão, como também lhe *falou* de novo. Louvado seja ele, porque sempre faz isso!

Abraão contemplou a visão e, apesar do atraso, obedeceu ao chamado. Deus estava determinado agora a que ele não perdesse de vista a esperança do chamado divino. Portanto, em Siquém, Deus lhe apareceu e lhe falou pela segunda vez. Foi uma mensagem breve e direta. "[...] 'À sua descendência darei esta terra' [...]" (Gênesis 12.7).

A promessa falava em terra porque a Terra se perdera; esse era o problema. Até os dias de hoje, "o mundo todo está sob o poder do Maligno" (1João 5.19). Agora Deus começava a agir para lidar com o problema. Antes de mais nada, ele estava reivindicando uma terra na qual cumprir a própria vontade. Em segundo lugar, nessa terra ele queria um povo para dar testemunho.

"Testemunho" não é a disseminação daquilo que já pertence ao conhecimento geral. Não damos testemunho do que todo mundo sabe, mas do que poucos conhecem acerca da verdade. Eis o significado de "testemunho", e, por causa das condições do mundo de então, Deus queria colocar dentro dele testemunhas — uma terra e um povo que lhe fossem próprios. Mais tarde, por meio deles, traria as boas-novas de seu governo soberano para a Terra inteira e para todas as nações.

Ao vermos o chamado de Abraão, percebemos um pouco da responsabilidade da Igreja, pois somos semente de Abraão, herdeiros segundo a promessa (v. Gálatas 3.29). Nossa comissão é a mesma que a dele. Límpida comunhão, fiel pregação e belas vidas cristãs não bastam. Deve haver testemunho. A igreja é um castiçal de ouro, não um vaso ornamental.

Tampouco basta que seja de ouro; ela precisa ser um castiçal. A luz de Deus deve brilhar dela.

Em Canaã, Abraão passou por três testes e construiu três altares. Como vimos, o primeiro altar ficava em Siquém (v. Gênesis 12.7), e o segundo, em Betel (cf. 12.8; 13.4). Em seguida, ele se encaminhou para o sul, rumo ao Egito, pecou e afinal voltou de novo para Betel. O terceiro altar construído por Abraão ficava em Hebrom (cf. 13.18). São esses os três pontos especiais de Canaã aos olhos de Deus, cada um deles santificado por um altar. O que eles são, Canaã é. Para Deus, um lugar em que não existe um altar não tem utilidade alguma. "Eu lhe darei essa terra — Siquém, Betel, Hebrom." É Canaã. Passemos agora a examiná-las mais de perto.

O nome Siquém, como dissemos, significa "um ombro". Trata-se do lugar de maior força, pois esse é o sentido da palavra "ombro" em hebraico. Canaã não é apenas terra de abundância e da doçura do leite e do mel, mas local da força do próprio Deus — local de vitória, do qual inimigos são expulsos e mantidos a distância. Sua força é *viva*. O poço de Sicar fica em Siquém, figura do poder do Cristo vivo em seu povo. A vida do próprio Senhor se manifesta ali, de onde ninguém vai embora vazio. "Mas quem beber da água que eu lhe der nunca mais terá sede. Ao contrário, a água que eu lhe der se tornará nele uma fonte de água a jorrar para a vida eterna" (João 4.14). Quem está sempre vazio, sempre sedento, sempre em busca disso ou daquilo, nunca satisfeito, é fraco e de pouca serventia para Deus. O satisfeito, sim, é forte, e Deus fez provisões para que sejamos todos satisfeitos. Oferece-nos tal satisfação em seu Filho que somos capazes de dizer: "Não quero nada, não necessito de nada para mim mesmo". Isso é força. Não é verdade que nossa maior fraqueza como cristãos vem de dentro, por nos sentirmos insatisfeitos, ou descontentes? Siquém e a terra de Canaã implicam satisfação total e completa, e isso é sinônimo de força. Nem o mundo nem os poderes das trevas conseguem encontrar acesso aqui.

Moré, já dissemos, significa "um professor" e sugere conhecimento, e conhecimento é o fruto da força. Pois Moré designava um terebinto ou carvalho em Siquém, e a árvore se projeta da terra em que está plantada. O conhecimento vem e é fruto de força e satisfação, não de doutrina. A fragilidade do conhecimento atual está em ele ser mera informação. Sem a força do Senhor a nos satisfazer e produzir conhecimento, não o temos em absoluto. O vaso que Deus quer para sua obra não é preparado ouvindo montes de coisas, mas vendo e recebendo e sendo satisfeito. Seu entendimento se baseia na vida de Cristo em seu interior, não em informações acerca dele. Temos de tomar cuidado para só repassar às pessoas o que ouvimos. Não importa quão precioso ou profundo seja o ensinamento, não nos cabe o papel de propagadores de informação. Nesse aspecto, gente com boa memória pode ser muito perigosa. Falar sem parar sobre as coisas divinas não levará a nada e pode nos afastar da vontade de Deus. Não há como manter o poder de Deus na Terra pelo que ouvimos, mas só pelo que conhecemos dele. A igreja cristã deve ser caracterizada pelo conhecimento que temos em nosso interior. Deus nos livre de um evangelho meramente intelectual!

Por que Betel era necessária tanto quanto Siquém? Porque apesar de Siquém, apesar do conhecimento que eles tinham da vida em Cristo e da satisfação que experimentavam com essa vida, os homens ainda eram independentes e individualistas. E Deus não quer um amontoado de coisas, mas uma casa. Ele é um Deus de ordem, e em seu propósito deve haver a ordem do corpo de Cristo. Como Filho, Cristo deve estar sobre sua casa, que somos nós (v. Hebreus 3.6).

Há muita coisa no mundo usando o nome de casa de Deus. Grandes igrejas, denominações históricas, todas reivindicam esse título. Algumas são falsas, baseadas em princípios errados de autoridade e em grande parte edificadas de tijolos, não de pedras vivas. A igreja protestante, desde que evangélica, tem mais vida. Nela há muitas pedras vivas, mas são individuais e não estão unidas. A liberdade de consciência é sua especialidade. Há muito material esplêndido, mas não desenvolvido de modo que componha uma casa.

No entanto, sem alarde, em muitos lugares e sem que ninguém veja na maior parte das vezes, Deus está levantando um vaso que de fato é sua casa. Consiste não em indivíduos extraordinários isolados, mesmo que grandes na pregação, no avivamento ou em qualquer outra coisa, mas em homens e mulheres humildes, soldados uns aos outros a fim de serem um pela cruz. Siquém precisa se tornar Betel. Deus precisa nos livrar do princípio todo do individualismo. Ele tem de nos salvar de querermos ser cristãos individuais extraordinários e converter-nos em sua casa. Pois a casa de Deus é sua testemunha na Terra. Todo mundo sabe quão difícil é a convivência para os cristãos! Quando ela se dá, pela graça de Deus, e permanece, até o inferno percebe.

Sejamos cautelosos. A casa de Deus é um princípio a ser seguido ou uma vida a ser vivida? Algo a se copiar ou ser?

Seria fácil, tendo visto o valor da vida em conjunto, decidir a todo custo aplicar os princípios pelos quais ela haveria de funcionar. Mas isso não alcançaria o resultado. Precisamos ter a vida do corpo, a vida compartilhada de Cristo que vem dele como cabeça, antes de podermos nos conformar a seus princípios. Eles não podem ser apenas aprendidos.

Então como obter essa vida compartilhada? Nossa tenda precisa ser armada, como vimos, entre Ai e Betel. Entre o monte e a casa. De um lado, fica a casa de Deus, o testemunho da autoridade e o governo de Deus na Terra. Do outro lado, o monte de ruínas, os escombros de nossas esperanças e ambições, expectativas e autoestima. Só se dermos as costas para esse lado, ficaremos de frente para aquele. Trata-se de verdade tanto geográfica quanto espiritual. Só se tivermos aceitado o juízo de Deus sobre a velha criação como definitivo, é que nos colocaremos de frente para o que é representado por Betel. Depois de nossa carne, nossa força natural, ser tratada, então — e só então — poderemos nos enquadrar espontaneamente e sem esforço na casa de Deus. Somos como pedras vivas, do tamanho e forma exatos para o lugar que o Senhor nos reserva. Do contrário, por mais que tentemos nos enquadrar, só pertencemos ao monte de ruínas.

É lamentável, mas muitos de nós fazem pouca ideia do que significa ter nossa força natural julgada e tratada. Em vez disso, vangloriamo-nos dela. "Sinto-me assim." "Meu ponto de vista é este." "Na minha humilde opinião…" Gloriamo-nos em segredo nas próprias opiniões e diferença entre nós e os outros, bem como na independência que temos em relação a eles. Jamais reconhecemos de verdade esse fato como uma derrota absoluta. Quem não se viu julgado e lançado sobre o monte de ruínas, não encontrou seu lugar na Igreja nem ouviu a voz de Deus. Possa ele ter misericórdia de nós quando ousamos achar que a Igreja do Senhor está errada e nós, certos. Não repudiamos seu povo apenas ao agir assim, mas o próprio Deus, que se agrada de se revelar entre eles. *Ah*, você diz, *toda essa conversa sobre nossa velha natureza sendo tratada na cruz de Cristo é excelente, mas um tanto negativa. Conte-nos agora o lado positivo!* Deixe-me responder de maneira bastante simples: o lado positivo é só uma questão de vida — vida espontânea, miraculosa. A criança nasce sem ter de se preocupar em saber de onde vem a vida; apenas a vive com toda a naturalidade. O homem ou a mulher que crê e nasce de novo não precisa desvendar como funciona a nova vida. Ela vem de Cristo; ele ou ela a tem, se regozija nela e a vive de modo muito natural e espontâneo. E o homem ou a mulher que crê e viu que a vida de Cristo é uma vida compartilhada da qual *todos* que são do Senhor participam — ele ou ela está na mesma posição exata. Aceita o fato e agradece a Deus, e a vida flui. Há um altar em Betel, e Deus recebe a oferta, qual seja, nossa aceitação de Cristo como nossa vida compartilhada. Em nossa insensatez, podemos nos desviar para o Egito, mas Deus nos trará de volta.

Os princípios da vida em conjunto se seguirão. Abraão se mudou para Hebrom (v. Gênesis 13.18), onde edificou seu terceiro altar. Hebrom quer dizer "lugar de concerto". Em termos neotestamentários, poderíamos substituir a expressão pela palavra "comunidade", e com certeza é na comunhão do conjunto que o fato da vida compartilhada dos cristãos é posto à prova. Betel representa a vida no corpo de

Cristo; Hebrom, o princípio de viver essa vida. A primeira deve preceder a segunda, e não há como chegar a Hebrom, a não ser por meio de Betel. Não se pode pegar um grupo de homens e impor a ele os princípios divinos da comunhão. A comunhão em Cristo é algo bastante natural, tranquilo, pois brota da realidade do corpo vivo de Cristo e, portanto, não há necessidade alguma de planejá-la ou organizá-la. Quando nosso coração é entregue "ao Senhor", como o de Abraão, seu fluxo é espontâneo.

Uma questão de experiência nos impede de seguirmos adiante indefinidamente, bem como de sermos eficazes no testemunho, sem a comunhão. Deus costuma colocar as pessoas mais maduras em termos espirituais contra uma parede branca a fim de lhes ensinar esse fato. Elas chegam a um impasse, algo com que não conseguem lidar sozinhas. Descobrem então a necessidade absoluta de comunhão com outros em Cristo, e aprendem os valores práticos da vida coletiva. Mas, a partir do momento em que isso se torna conhecido, há uma nova capacidade de gerar frutos. Em Hebrom, Abraão habitou junto aos carvalhos de Manre, que quer dizer "firmeza" ou "vigor". Quando, como Abraão, o povo de Deus se estabelece de vez ali, de fato tem um testemunho a dar. Os acontecimentos que se seguem de imediato mostram quão poderoso era o testemunho de Abraão ao mundo a partir do momento em que foi para Hebrom.

O elemento de ligação nesses três lugares é o "altar dedicado ao Senhor", todos eles erigidos por Abraão (v. Gênesis 12.7,8; 13.18). Junto ao altar, por princípio, Deus aceita só Cristo. Nós, ao fazermos nosso próprio "sacrifício vivo" (v. Romanos 12.1), declaramos aceitar Cristo para nós mesmos e, por conseguinte, Deus pode nos receber em Cristo. Porque cada um de nós abandonou toda esperança em si mesmo e olha para Jesus Cristo, seu Filho, para tudo receber. Deus aceita o que oferecemos na íntegra. Sobre essa base, testemunhamos juntos.

CAPÍTULO 5

O homem na terra

Comunhão é algo a que deveríamos dar o maior valor porque Deus a tem em alta conta. Se há vida em mim e não mero simulacro, e se o mesmo é verdade em relação a meus parceiros que creem, então, por simples que sejam, quando os encontro, eu deveria achar vida neles — e, ao achá-la, apreciá-la. Precisamos aprender a dar valor a nossos companheiros cristãos, e a não ficar procurando defeitos e expor-lhes as fraquezas. Pois o próprio Jesus não demonstrou paciência infinita com os homens, sofrendo muito nas mãos deles? Até os discípulos dele com frequência lhe impuseram sério teste de autocontrole.

Como Filho sobre a casa do Pai, o Senhor Jesus não apenas nos oferece força e conhecimento; ele também estabeleceu exemplo de submissão e moderação para nós. Sendo sempre Filho, aprendeu a obedecer a seu Pai por meio de tudo que sofreu; e, sendo sempre Servo, quando insultado, não retribuiu na mesma moeda; não ameaçava ninguém (v. Hebreus 5.8; 1Pedro 2.23).

Em relação à terra de Canaã, futura herança de Israel, Abraão foi testado em três ocasiões distintas. Pois ele era um homem bastante comum, como eu e você, a quem Deus escolheu e separou para essa tarefa especial — e dono de uma fé em nada maior que a nossa. Assim, as provas que atravessou lhe trouxeram disciplina pelas mãos de vários tipos de pessoas, as mesmas experiências pelas quais passamos.

A primeira prova aconteceu não muito depois da chegada de Abraão a Canaã e de ele ter sacrificado em Betel. Abraão seguiu viagem rumo ao sul e, quando a situação ficou difícil por causa da fome, ele afinal chegou ao Egito. Viu-se então em condição constrangedora, e naquele lugar pecou pela prática do engodo. O resultado foi que recebeu grave repreensão do faraó. Ele, um homem que cria, sendo reprovado por um homem do mundo!

Essa prova na verdade se converteu na questão da terra. Até que ponto Abraão de fato desejava "esta terra" (v. Gênesis 12.7)? Deus a dera a ele, mas Abraão não se conscientizara da importância de mantê-la — e de permanecer nela. Para ele seria "a terra das [suas] peregrinações" (Gênesis 17.8, *Almeida Revista e Atualizada*) e, como tal, sua propriedade perpétua. Mas Abraão ainda não a valorizava. Deus precisava estabelecê-lo naquele lugar. Uma coisa é ter a plenitude de Deus como dádiva; outra coisa, muito diferente, é ser estabelecido nela.

No Egito, Abraão aprendeu que não existia terra como a terra de Canaã. Em Canaã, ele não tivera necessidade de se esquivar do perigo pelo exercício da inteligência e ao custo da reprimenda de um incrédulo. Ali no Egito, descobriu-se fazendo exatamente isso e soube que o único culpado era ele mesmo. Metera-se naquela confusão e viu quanto estava errado. Aceitou o repúdio, mesmo das mãos de um monarca pagão, e retornou para Betel o mais rápido possível.

Abraão aprendera sua primeira lição, qual seja, que a terra era preciosa. Agora chegara a hora da segunda prova, e ela tinha um caráter diferente. Ló ainda o acompanhava — ele, que partira com Abraão como uma espécie de passageiro dessa jornada de fé e que, depois que morresse, deixaria para trás dois dos piores inimigos de Israel. Em Canaã, Abraão e seu sobrinho tinham começado a prosperar, e logo as pastagens não eram mais suficientes para acolher rebanhos e manadas dos dois juntos. Dado o congestionamento predominante, os servos de ambos puseram-se a brigar.

Na questão do afastamento de sua família, Abraão nunca obedecera por completo. Continuava apegado a Ló. Enfim ficava claro agora que, por meio de Ló, Deus o estava disciplinando. Abraão conseguiu enxergar que o propósito divino dizia respeito só a ele e não incluía seu sobrinho. Podemos levar homens à salvação. Mas não ao chamado e ao serviço de Deus, pois são coisas pessoais. Abraão reconheceu isso e afinal propôs a Ló que se separassem.

Todavia, acabamos de ver que Abraão já aprendera sua primeira lição: para ele, aquela terra tinha valor inestimável. Com certeza, então, sendo assim preciosa, era necessário agarrar-se a ela. Ele não deveria mantê-la para si e mandar Ló de volta para Harã? Não. Ele concederia ao rapaz toda oportunidade de encontrar o caminho de Deus *por si mesmo*. De modo que lhe mostrou a terra inteira e lhe ofereceu a oportunidade de escolher.

Portanto, de um lado, Abraão aperfeiçoou a obediência separando-se do sobrinho; por outro lado, não aprendeu a manter seus direitos sobre a terra por métodos egocêntricos e avaros. Não haveria de se apegar a ela com objetivos pessoais. A terra pertencia a Deus, não a ele.

Aqui está uma lição importantíssima. Temos de aprender a confiar em Deus a fim de guardar para nós o que ele nos confia, e nunca devemos buscar possuir o que ele dá por meios mundanos. Por ocuparmos a Terra para Deus, não devemos nos tornar terreais. A terra foi presente de Deus para Abraão. Saber desse fato e ainda assim, mesmo sabendo, abrir mão de tudo e deixar o resultado por conta de Deus, isso é obra da cruz no homem.

Ló escolheu a porção mais rica, e Abraão lhe permitiu ficar com ela sem opor qualquer objeção. Contudo, isso o fez ainda habitar os lugares altos de Canaã. Ló não lhe usurpara a herança, da qual a planície foi divinamente excluída. Quem conhece Deus não tem nenhuma necessidade de proteger seus direitos. Por crer nele, aprende a suportar a cruz dia após dia e a confiar nele em relação ao desfecho que virá.

Abraão avançara para esse ponto de obediência e domínio próprio. Agora, nesse momento decisivo, Deus lhe fala outra vez. "Disse o SENHOR a Abrão, depois que Ló separou-se dele: 'De onde você está, olhe para o norte, para o sul, para o leste e para o oeste: toda a terra que você está vendo darei a você e à sua descendência para sempre. Tornarei a sua descendência tão numerosa como o pó da terra. Se for possível contar o pó da terra, também se poderá contar a sua descendência. Percorra esta terra de alto a baixo, de um lado a outro, porque eu a darei a você' " (Gênesis 13.14-17). Abraão fora obediente no tocante a Ló, e mais uma vez Deus o estabeleceu na terra sem a diminuição nem de uma ínfima parte do território prometido. Sempre vale a pena devolver as coisas à mão de Deus, pois nossa batalha é espiritual, não carnal. O que Deus dá, está dado. Não há necessidade de protegê-lo nós mesmos. Se seguramos alguma coisa com muita força, nós a perdemos. Só a temos de verdade quando parece que a perdemos por completo.

Passado esse teste, Deus contava com uma base em Abraão para a comunhão, e, como vimos, Abraão transferiu sua tenda e foi habitar em Hebrom. Fez isso sem esconder no coração nenhuma censura a Ló. Teria sido fácil deixar Ló partir, mas, ainda assim, esperar que a consciência dele o incomodasse. Talvez parecesse apropriado, até necessário, dizer pelo menos: "Deus será seu juiz". Podemos chegar a ponto de abrir mão da terra, mas ainda não achar fácil deixar nosso irmão partir sem repreendê-lo. No entanto, Deus exigiu um espírito assim humilde caso Abraão fosse para Hebrom — com tudo que Hebrom significa. Ele é perfeito ao tratar dos que são dele.

A terceira prova de Abraão, a última ligada à terra em si, é a batalha dos reis, lógico. Sodoma, onde Ló agora vivia, foi atacada, e o próprio Ló, levado prisioneiro. Abraão partiu na mesma hora em resgate do sobrinho, com todas as suas pequeninas forças.

Que tentador seria dizer: "Você já devia saber! A culpa é sua". Mas mesmo depois da partida de Ló, e de sua escolha egoísta e desastrosa de Sodoma como local de habitação, ele continua sendo um "irmão" para Abraão (cf. 14.14). Abraão era um vencedor de verdade; vencera a si mesmo, antes de mais nada. Nele não havia nenhum individualismo egoísta. Ele continuava em Hebrom, o lugar de comunhão, bem como todos os seus irmãos — incluindo Ló, que não vivia para nada nem ninguém, exceto para si mesmo. Só quem ocupa posição representada por Hebrom pode, como Abraão, empreender uma batalha espiritual.

Ló não mudou nada em consequência de ter sido resgatado dos reis; em seu retorno, foi direto para Sodoma. Mas a vitória não era questão de se alguma mudança fora operada em Ló, mas da destruição dos reis. O poder deles acabara; era isso que importava. Não devemos nos preocupar se os irmãos são "aperfeiçoados" pela experiência ou não desde que o inimigo seja derrotado. O homem em apuros é um irmão; eu o amo no Senhor. Por mais que ele possa ter me prejudicado no passado, ainda o amarei e orarei por ele, e o ajudarei agora. Aqui, pela primeira vez, o caráter de Abraão resplandece de verdade. Possa Deus nos ensinar a lição que ele manifesta.

É fácil vencer e, ao vencer, resgatar outros, e, tendo feito isso, encher-se de orgulho e arrogância. "Eu não disse?!", declaramos de modo ácido, ou olhamos ao redor à procura de alguma recompensa, algum cumprimento, alguma honra cobiçada. Portanto, não surpreende que essa prova inclua outra, subsidiária.

Retornando da derrota dos que o atacaram, Abraão se avistou com o rei de Sodoma em pessoa, o qual foi ao seu encontro oferecendo uma recompensa muito generosa, qual seja, todos os bens recuperados. Mas Abraão já aprendera que seus bens ficavam depositados em outro lugar. Seu benfeitor estava no céu. Portanto, manteve a posição clara de que, exceto Deus, ninguém poderia lhe dar coisa alguma. Isso demonstra a grandiosidade da operação de Deus em sua vida. Podemos nos manter na posição que Deus nos tem dado e ter toda segurança de que nada pode nos causar mal. Mas também acreditamos que ninguém pode nos ajudar, a menos que enviado por Deus? Abraão comprovara a primeira afirmativa; agora afirmava confiadamente a segunda. "[...] 'De mãos levantadas ao Senhor, o Deus Altíssimo, Criador dos céus e da terra, juro que não aceitarei nada do que pertence a você, nem mesmo um cordão ou uma correia de sandália, para que você jamais venha a dizer: "Eu enriqueci Abrão" ' " (Gênesis 14.22,23).

Esse modo de tratamento, "Deus Altíssimo, Criador dos céus e da terra", impressiona nesse cenário, em especial na referência a "dos céus e da terra". Fora usado antes pela primeira vez pelos lábios de Melquisedeque, rei de Salém. Agora faz parte do testemunho de Abraão. A Terra pertence ao Senhor. Melquisedeque retardara o rei de Sodoma e saíra ao encontro de Abraão não na montanha, mas no vale — lugar de provação. Ele foi ao encontro dele levando pão e vinho, o pão do céu (v. João 6) e o vinho novo do Reino (v. João 2). Tais objetos representavam nossa total satisfação com Cristo em pessoa, e Abraão se reuniu com o rei de Sodoma na condição de homem satisfeito. A Terra estava sob maldição, e Sodoma talvez fosse o lugar mais obscuro da Terra, mas Abraão podia proclamar Deus como o Criador dos céus *e da terra*. Deus tinha um homem na terra! Era o que tornava tudo possível.

Esse fato tremendo leva à conclusão dessa parte da história em que a terra está em discussão. Expondo a vida a risco, Abraão vencera os reis invasores e resgatara Ló. Logo em seguida, sua real motivação foi posta à prova. Você não pode manter posição e lutar por Deus se restar um fragmento de conspiração ou planejamento ou ambição em seu interior. Só consegue fazer isso quando o mundo perde o poder de tocá-lo. Ceder ao rei de Sodoma teria sido malogro moral maior do que deixar de sair atrás dos reis que o atacaram. Para Abraão, contudo, a questão já estava resolvida, e Deus tinha seu homem onde necessitava que ele estivesse. Abraão na terra podia começar a reivindicar a Terra para o Senhor.

Não admira que Deus dirija outra vez a palavra a Abraão. "Depois dessas coisas o SENHOR falou a Abrão numa visão: 'Não tenha medo, Abrão! Eu sou o seu escudo; grande será a sua recompensa!'." (Gênesis 15.1). Fala para confortá-lo e tranquilizá-lo. Por que um homem de fé tão extraordinária tem necessidade disso? Porque Abraão ainda era um homem e sua vitória, uma vitória humana, não de um super-homem. Logo depois de receber o pão e o vinho, pode ter-lhe parecido fácil recusar o prêmio oferecido pelo rei de Sodoma. De volta a sua casa, no entanto, longe da agitação do grande acontecimento, Abraão começaria a pensar nos muitos inimigos que talvez tivesse feito. Sempre que Deus diz "Não tenha medo", é porque há motivo para medo. "Sou o seu escudo" — ninguém o pode tocar. "Grande será a sua recompensa" — trata-se aqui não de um objeto, mas "recompensa" é um título do próprio Deus. Sim, eu basto. Tudo que você perdeu, agora tem em mim — e mais!

Abraão, contudo, achou por bem replicar. "Meu problema não é tão simples assim! Senhor, será que o Senhor não entende? Não se trata apenas do medo que tenho desses reis, ou que relute em receber essa recompensa. A questão é o *filho*. Nada disso terá nenhuma serventia se eu não tiver um *filho*." Dá para sentir a agonia do coração de Abraão em seu apelo duplo ao Senhor. "Mas Abrão perguntou: 'Ó Soberano SENHOR, que me darás, se continuo sem filhos e o herdeiro do que possuo é Eliézer de Damasco?' [...] 'Tu não me deste filho algum! Um servo da minha casa será o meu herdeiro!' " (Gênesis 15.2,3).

Acaso o Senhor desconhecia que Abraão desejava um filho? Claro que não; mas há um detalhe muito significativo aqui. Pois Deus quer que você e eu sejamos, no sentido pleno da palavra, seus amigos — que lhe penetremos os pensamentos, que lhe peçamos com inteligência aquilo que ele anseia conceder. Abraão sabia que o plano de Deus na Terra não podia se realizar, a menos que ele tivesse um filho. Precisava contar com um herdeiro de nascença, não comprado; um filho, não um servo. Deus lhe revelara isso, e agora, em troca, Abraão diz para Deus o que precisa ser feito! Isso é amizade.

Deus lhe respondeu com uma sólida promessa. "[...] 'Um filho gerado por você mesmo será o seu herdeiro' " (Gênesis 15.4). Levou-o para fora, onde tinha por cobertura apenas o céu, e declarou: "[...] 'Olhe para o céu e conte as estrelas, se é que pode contá-las'. [...] 'Assim será a sua descendência' ". E agora nos é dito: "Abraão creu no SENHOR, e isso lhe foi creditado como justiça" (v. 5,6). Aqui está a primeira menção direta da fé.

Como vimos, é fundamental que o propósito de Deus seja cumprido apenas por intermédio daqueles que nascem de Deus. O Senhor quer um grupo formado por quem olhou para o céu e creu, mas se contenta em começar por um só homem. A Abraão fora revelada a plenitude do

63

propósito de Deus, e seu coração respondera. Nele Deus teve ponto de partida! Agora, mais uma vez Deus confirmava que seu propósito com Abraão estava relacionado à terra. "[...] 'Eu sou o SENHOR, que o tirei de Ur dos caldeus para dar a você esta terra como herança'." E Abraão retorquiu com a pergunta: "[...] 'Ó Soberano SENHOR, como posso saber que tomarei posse dela?' " (15.7,8). Não se tratava de descrença; ele só queria compreender melhor. Questionava em nosso benefício qual o caminho para a herança. Segue-se o incidente da vigília de Abraão sobre a oferta, e da visão que ele teve durante sono profundo. A essência da resposta divina era que a herança de Abraão estava onde o poder de Deus operava. O caminho era o caminho da cruz, o caminho da morte. Os animais sacrificiais deviam ser divididos. A restauração da Terra dependia de se abrir mão de uma vida. Impossível exagerarmos ao enfatizar a cruz de Cristo, para quem ela significou a entrega da própria vida em nosso favor. Até que a cruz opere em nós também, e que abramos mão da nossa vida, não podemos ser vitoriosos na terra. Não temos como ser soldados da cruz, a menos que a cruz primeiro realize sua obra em nós.

 Na obra de Deus, não basta que nós, um povo jovem, sejamos zelosos, bons pregadores do evangelho, e conheçamos bem a Bíblia. Deus quer vasos limpos, não instrumentos grandes ou inteligentes ou eficientes. Ele quer pureza, não confusão (v. Tiago 3.8-12). As mensagens que Deus pode usar por intermédio dos seus servos não são impressionantes e elaboradas com esmero, mas, sim, aquelas que nascem de uma vida pura e são por ela sustentadas. Por isso devemos conhecer os valores da cruz. É a morte de Cristo operando na vida do homem que produz tão grande pureza de espírito. E pureza traz luz.

Abraão experimentou "trevas densas e apavorantes" (Gênesis 15.12). Quando vemos o propósito santo para o qual somos chamados, e então olhamos para nós mesmos, também nos sentimos absolutamente arruinados. Lembre-se da consternação de Pedro ao ver o resultado da pesca. Caindo de joelhos perante Jesus, ele clamou: "[...] 'Afasta-te de mim, Senhor, porque sou um homem pecador!' " (Lucas 5.8). Dar como fato concreto que a obra é sagrada demais para que eu a toque — eis o início da minha serventia. O caminho para isso pode atravessar a morte, mas é um caminho com Cristo e conduz a "muitos bens" (Gênesis 15.14).

CAPÍTULO 6

O herdeiro e a prova do tempo

Quando chegamos ao capítulo 15 de Gênesis, uma nova ideia ocupa o primeiro plano da narrativa. A perspectiva ainda é a da terra, com tudo que isso significa em relação à reivindicação divina de um reino sobre a Terra. De agora em diante, contudo, a atenção se volta para o filho, coisa que se manifesta na expressão "sua descendência" ou, em sentido literal, "sua semente". O termo hebraico é *zera*. Para Abraão, vendo-se desprovido de filhos, o problema é: quem *herdará* essa terra? "Olhe, o Senhor não me deu descendente algum; na verdade, quem nasceu na minha casa é meu herdeiro."

"Não será ele o seu herdeiro", retrucou o Senhor. "Procederá do seu corpo aquele que será seu herdeiro. Olhe agora para o céu e conte as estrelas, se for capaz de numerá-las. Assim serão seus descendentes." Então a Bíblia diz acerca de Abraão que ele "creu no Senhor, e isso lhe foi creditado como justiça" (Gênesis 15.6).

Ora, quando recorremos à carta aos Gálatas e ao tratamento que ela dá a essa passagem, vemos que o apóstolo Paulo defende a ideia de que Deus fala em "seu descendente", com o substantivo no singular. As promessas eram para Abraão e seu descendente. "[...] A Escritura não diz: 'E aos seus descendentes', como se falasse de muitos, mas 'Ao seu descendente', dando a entender que se trata de um só, isto é, Cristo" (Gálatas 3.16). A promessa apontava não apenas para Isaque, mas para Jesus Cristo. Um único filho, Isaque, é o herdeiro — sim, mas a longo prazo, é Cristo que possuirá a terra. Só ele tem força para tomá-la e guardá-la para Deus. Ele é quem executa a obra de restauração do Senhor. Isso confere um significado bem mais profundo à promessa de um herdeiro para Abraão, pois "quando chegou a plenitude do tempo, Deus enviou seu Filho" (Gálatas 4.4). Sem ele, o plano inteiro desmoronaria.

Ainda assim, também é verdade que a semente de Abraão é incontável como as estrelas. "Todos vocês são filhos de Deus mediante a fé em Cristo Jesus. [...] E, se vocês são de Cristo, são descendência de Abraão e herdeiros segundo a promessa" (Gálatas 3.26,29). Hoje, os que cremos devemos tudo a Cristo; no entanto, em outro sentido, ocupamos a posição de Abraão. Como Igreja de Cristo, somos chamados por Deus para trazer Cristo à sua herança na terra. A questão em relação a Abraão era: poderia ele se tornar vaso de Deus para trazer Isaque à existência? A mesma questão se aplica hoje: pode a Igreja se tornar vaso de Deus para trazer Cristo ao lugar que lhe é devido? Por si só, a Igreja não faz a menor diferença, exceto como vaso para trazer Cristo. O propósito de Deus reside no Filho.

Contudo, como podemos nos tornar esse vaso, perguntamo-nos, a fim de dar ao Filho de Deus a oportunidade de demonstrar seu poder na grande obra de restauração?

Descobrimos que Abraão se submeteu a mais três provas, agora relacionadas com seu filho, com vistas a se preparar para a tarefa. Nessas três provas, estão as respostas para essa pergunta. Vejamos agora a primeira delas.

Em relação ao filho, a primeira prova que Abraão enfrentou foi a prova do tempo. Conforme vimos em Gênesis 15.4, Deus lhe prometera um herdeiro. O tempo passou, e Abraão, pelo que está relatado, crera; mas ele não era sobre-humano, e sua fé continuava no processo de desenvolvimento.

Com 85 anos de idade, fazia dez que ele estava na terra. Sentiu então que era hora de seu filho chegar, se é que teria mesmo um filho. Por isso acatou a sugestão de Sara e tomou-lhe a serva, Hagar, como segunda esposa. O filho de Hagar nasceu quando Abraão tinha 86 anos.

O que ele não sabia era que Deus planejara que ele tivesse um filho com Sara quando chegasse aos 100 anos. Em vez de esperar, ele teve Ismael catorze anos antes. Assim, podemos dizer que Abraão foi derrotado na primeira prova. Não compreendera que exercitar fé é *parar de lutar*. Ele cria, mas achava que precisava ajudar Deus e que, deitando-se com Hagar, assegurava que o filho dela fosse o cumprimento da promessa divina. Sabia que não podia fazer muita coisa, mas isso com certeza podia, pois era o que Deus desejava!

Abraão ignorou que essa questão de descendência era bem mais profunda que o simples fato de *ele* ter seu próprio filho. Vital para o problema era *de quem* viria esse filho — *quem* o concederia a Abraão? Não se trata de saber se nos mantemos ativos ou não, mas quem origina os atos e qual poder está por trás deles! A menos que o filho

de Deus fosse uma dádiva de Deus, que serventia teria ele para o Senhor?
É errado ajudar as pessoas? Não, mas precisamos nos certificar de que a ajuda que elas recebem vem de Deus. É errado pregar as boas-novas? Com certeza, não! Mas a questão é: quem o está fazendo? A palavra pregada é a Palavra de Deus? O Senhor não deseja apenas que sejam feitas coisas certas; ele quer que sejamos o meio para as coisas certas que *ele* está fazendo. A *fonte* da ação, não só a atividade em si, é o que importa. Determinada coisa pode até ser da vontade de Deus, como com certeza era da sua vontade que Abraão tivesse um filho; entretanto, o que importa é *quem* está realizando essa vontade.

Tudo que Abraão conseguiu com seus esforços foi Ismael. Claro, os planos eram que ele fosse pai; mas na essência isso queria dizer que ele haveria de descobrir o significado da palavra "pai" aprendendo a lição fundamental de que tudo vem de *Deus* como Pai. Só assim ele próprio seria digno de desempenhar o papel de pai dos que creem. A fonte é tudo porque é ela que recebe o crédito. Recebo crédito pelo que faço; afinal, fui eu que fiz! Portanto, depois de prestar um serviço, por mais frutífero que ele seja, a pergunta maior não é "Quais são os resultados?", mas "Senhor, *quem* fez isso? O Senhor ou eu?". Não interessa a habilidade com que possamos tê-lo executado, não suscitaremos louvor, mas repreensão da parte de Deus. A pureza ou seu contrário em nosso trabalho depende de quanto de Deus e quanto de nós mesmos há nele. Se somos mesmo servos do Senhor, sabemos perfeitamente bem que não obtemos paz ou alegria alguma do que realizamos por meio de luta.

Quando ele nos coloca de lado com toda a calma, nós o louvamos porque o que foi feito é algo de que não tomamos parte alguma. A origem estava no próprio Deus.

Receio que isso não seja algo popular de dizer. Pregue para atiçar os homens a evangelizarem mais, agirem mais, sacrificarem mais, e eles ouvirão e concordarão. Mas fale da inutilidade do nosso trabalho para Deus, mesmo quando bem realizado, não de maneira pecaminosa, e você se deparará com desaprovação e incompreensão. No entanto, essa é a questão central do servir. Se podemos levar Cristo para as pessoas de modo que sejamos vasos nas mãos de Deus para a restauração, isso depende de conseguirmos sair do meio do caminho para dar espaço para ele. Nada — o trabalho bem executado, o serviço, a pregação da Palavra, até mesmo fazer a vontade dele — consegue satisfazer-lhe o coração se formos *nós* a fonte dessas atividades. Só o que ele faz em e por meio de nós pode satisfazê-lo.

Observemos a criança que molda bonequinhos de lama. Ela pode ter muita imaginação e produzir alguns modelos fáceis de reconhecer, mas dizemos: "Não são nada mais que lama. É só brincadeira de criança". Contudo, a diferença entre essa criança e nós é insignificante quando comparada com a diferença entre nós e Deus. Ele é *Deus*. Nós somos *homens*. Ele nos usa — e se regozija em nos usar — como instrumentos, mas só isso. *Ele* nos usa.

Em Gálatas, o apóstolo Paulo estabelece um paralelo interessante com essa passagem. Hagar, diz ele, representa "a Lei". Os Dez Mandamentos, claro, são dez coisas que Deus requer. Em Abraão também encontramos um homem em busca de dar para Deus o que ele requer; ele tomou a decisão de agradar a Deus. Contudo, quem assim o faz, de acordo com Paulo, coloca-se debaixo de maldição (v. Gálatas 3.10). Por conseguinte, o único efeito das boas obras de Abraão é Ismael nascer "segundo a carne" (Gálatas 4.29, *Nova Almeida Atualizada*). Deus dissera que o filho seria de Sara. O filho da promessa era Isaque (v. Gálatas 4.28), uma obra da graça divina. E graça é Deus trabalhando, não eu. Quando Deus agiu, Isaque nasceu "segundo o Espírito" (v. 29). Aos 86 anos, o vigor natural de Abraão continuava presente. Aos 100, "seu corpo [...] já estava como morto" (Romanos 4.19, *Nova Tradução na Linguagem de Hoje*). Não havia mais como ele ter um filho pelos meios naturais. Então Isaque chegou. Também precisamos nos considerar mortos antes de podermos acreditar plenamente no Deus que dá vida aos mortos. Ficou demonstrado para Abraão que ele não era o pai, a fonte, de coisa alguma. Deus espera até alcançarmos o fim de nós mesmos, e então Isaque vem. Um pouco da atmosfera de Gênesis 1 está presente aqui. Não há outro capítulo na Bíblia como esse. "E Deus viu tudo o que havia feito, e tudo havia ficado muito bom [...]" (Gênesis 1.31).

Com Isaque foi tudo uma questão de tempo — do tempo de Deus. Em geral, pensamos que seria bom se pudéssemos começar a trabalhar para ele quanto antes, mas, quando o conhecemos, sabemos o que é esperar pelo tempo de Deus. Isaque, não Ismael, é quem cumprirá o propósito divino e manterá seu testemunho na Terra. Não só Ismael não tinha serventia alguma para o Senhor, como ninguém prejudicou tanto o povo de Deus e seu testemunho, ou lutou contra o próprio Deus. Tentar ajudar Deus pode ser igual a danificar-lhe a obra.

Os "Ismaeis" podem ser muitos, mas só existe um Isaque. Podemos fazer que Ismael entre em cena a qualquer momento; só há um tempo para Isaque — o tempo de Deus. Decidiremos esperar por Isaque ou decidiremos pôr Ismael em seu lugar? Qualquer tempo serve para Ismael.

Deus ter completo domínio sobre nós significa chegar ao extremo de nós mesmos. No entanto, saber que Deus falou por nosso intermédio, mesmo que uma vez, é melhor que uma vida inteira de serviço baseado em nosso próprio braço. Não se compare com os outros. Reconheça uma só coisa: a diferença entre a obra do homem e a divina. A questão é a fonte e o tempo. Se Deus nos deixa de lado por três meses, mal podemos suportar. Contudo, Abraão teve de esperar quinze anos por seu filho.

Antes que Abraão completasse 85 anos, sua fé estava longe de ser perfeita. Todavia, lemos que ele exerceu essa fé ineficiente: "Abrão creu no SENHOR, e isso lhe foi creditado como justiça" (Gênesis 15.6). Louvado seja Deus, pois ele foi justificado pela fé! Basta apenas crer. Mas, nos quinze anos que se seguiram, ele aprendeu algumas lições tremendas, e como glorificou a Deus quando enfim o impossível aconteceu e Isaque chegou! Paulo diz que, quando Isaque foi concebido, Abraão já se considerava "morto" (v. Romanos 4.19, *Nova Tradução na Linguagem de Hoje*). Desistira de tudo! Quanto mais absoluta a impossibilidade de realizar algo por nós mesmos, mais glória damos àquele que o faz.

E o que Deus faz é sempre "muito bom".

CAPÍTULO 7

A aliança da graça

Um aspecto impressionante marca os treze anos que se seguiram ao nascimento de Ismael. Ao longo de todo esse período, Deus não dirigiu a palavra a Abraão. Seu livro de registro ficou vazio. Deus nos deixa para que convivamos com as consequências do que fizemos sozinhos; não se manifesta. Mas, quando Abraão estava "morto" — seco e velho, sem poder ter um filho mesmo se quisesse —, *então* Deus lhe falou.

O ponto de partida do nosso progresso todo está no chamado gracioso de Deus, não em nossos desejos. Abraão não se arrependera. Antes, ano a ano Ismael se tornava mais precioso para ele. Abraão não se dera conta de seu erro, nem buscara Deus. Do nosso ponto de vista, considerando-o de acordo com tudo que dissemos até aqui, não há grande esperança para Abraão. No entanto, sua esperança não dependia de ele querer Deus, mas do fato de que Deus *o* queria. O Senhor ainda trabalhava nele; não o descartara. Quando Deus quer um homem, esse homem não consegue fugir de sua mão. Como precisamos aprender a nos comprometermos com a mão do Deus todo-poderoso!

Assim, decorridos esses anos, Deus voltou a falar a Abraão. "Quando Abrão estava com noventa e nove anos de idade o Senhor lhe apareceu e disse: 'Eu sou o Deus todo-poderoso; ande segundo a minha vontade e seja íntegro' " (Gênesis 17.1). Pela primeira vez, o Senhor usa o título *El- Shaddai*, "Deus todo-poderoso". Abraão sabia da força de Deus e que ele era poderoso; só não o conhecia como *todo*-poderoso. Disse Deus: "Aprenda isso e seja íntegro" — ou seja, sem as máculas do mundo.

Dessa vez, Deus fez uma aliança com Abraão. Queria um povo que brotasse de si mesmo e definiu nos termos da aliança que posição as pessoas devem assumir a fim de serem esse povo. "Estabelecerei a minha aliança entre mim e você e multiplicarei muitíssimo a sua descendência. [...] De minha parte, esta é a minha aliança com você. Você será o pai de muitas nações. [...] Estabelecerei a minha aliança como aliança eterna entre mim e você e os seus futuros descendentes, para ser o seu Deus e o Deus dos seus descendentes" (Gênesis 17.2,4,7).

O sinal da aliança era a circuncisão. Seria um povo sem nenhuma confiança na carne. Deve não só nascer e ser chamado por Deus, como ostentar na carne o sinal do Senhor. Nascer e ser comprado por preço não basta. Deus nos redimiu e gerou outra vez, mas ainda não estamos na posição de seu povo, mantendo-lhe o testemunho na Terra, cumprindo seu propósito, a menos que seja efetivo em nós o significado da circuncisão. "[...] Todos [...] entre vocês serão circuncidados na carne", diz o mandamento. "Terão que fazer essa marca, que será o sinal da aliança entre mim e vocês." E continua: "Qualquer do sexo masculino que for incircunciso [...] será eliminado do meio do seu povo; quebrou a minha aliança" (Gênesis 17.10,11,14). Observe com muita atenção que os incircuncisos não eram exterminados por causa disso (como o povo de Canaã), pois não era uma questão de salvação, mas apenas de testemunho. O *nome* deles fora "eliminado". Em outras palavras, podemos ser redimidos e ter nova vida, mas, se não reconhecermos que a cruz de Cristo lida com a carne em nós, nosso nome não é contado entre suas testemunhas.

Mas, afinal, o que é a circuncisão? O apóstolo Paulo nos ensina que em Cristo "[fomos] circuncidados, não como uma circuncisão feita por mãos humanas, mas com a circuncisão feita por Cristo, que é o despojar do corpo da carne" (Colossenses 2.11). Em outro lugar, ele declara: "Pois nós é que somos a circuncisão, nós que adoramos pelo Espírito de Deus, que nos gloriamos em Cristo Jesus e não temos confiança alguma na carne" (Filipenses 3.3). Então ele passa a catalogar os vários fundamentos que anteriormente *ele próprio* se sentira seguro de ter para experimentar tanta confiança. São coisas de modo algum pecaminosas ou erradas em si mesmas. Sua pureza racial, sua educação religiosa estrita, seu zelo sincero por Deus — tais coisas nada tinham de pecaminosas. Apenas constituíam base para um orgulho natural. Acontece que "quem é dominado pela carne não pode agradar a Deus" (Romanos 8.8). O problema hoje está em que não reconhecemos isso. O capítulo 7 de Romanos é a descrição de Paulo de alguém que dá seu melhor para agradar a Deus na carne, uma grande *impossibilidade*.

Em termos comparativos, é fácil lidar com o pecado do homem. Mas, quando se trata de participar da obra divina de restauração, o problema surge com *a carne* que deseja agradar a Deus. Esse é o ponto em que a cruz de Cristo vem em nosso auxílio. Ela subverte nossa autoconfiança, de modo, por exemplo, que não possamos mais falar de maneira tão dogmática quanto fazíamos, mas nos concede uma confiança maravilhosa em Deus.

É como se Deus dissesse para Abraão: "Você precisa de fé, não de obras. Você tentou treze anos atrás, mas eu prometi, não para que você tentasse produzir o que me ouviu dizer, mas porque *eu* pretendia produzi-lo". A circuncisão era sinal disso. Deve ser um sinal para todas as gerações dos filhos de Deus de que eles sabem que na carne são impotentes.

O sinal é uma peculiaridade. Ao vê-lo, por seu intermédio reconhecemos a pessoa. Qual a marca distintiva da nossa vida cristã perante os homens? Sabedoria? Integridade? Amor? Eloquência na Palavra de Deus? Não; o traço que distingue o povo de Deus é sua falta de autoconfiança arrogante e presunçosa. Infelizmente, uma característica difícil de encontrar. Cristãos jovens, *conhecemos* tudo: a salvação, a plenitude do Espírito, a vontade de Deus! Estamos *convictos* do plano de Deus para nós. Mas onde estão o temor e o tremor? Onde se encontra a incerteza que tem consciência de poder estar enganada, e que se apoia — sim, *apoia-se* — em Deus?

Em Gênesis, capítulo 15, lemos que Abraão creu. Agora, no capítulo 17, o cumprimento da promessa se aproxima; no entanto, parece que a fé de Abraão diminuiu. A Bíblia conta que ele se prostrou de rosto em terra e riu (cf. 17.17). Devia ser a única posição em que ousava rir! Para ele e Sara, terem um filho àquela altura seria ridículo. Afinal, ele era um homem de 100 anos. Nunca ouvira falar em nada parecido. Sua fé inicial fora verdadeira, mas contara com um elemento de autoconfiança. Agora até sua fé estava morta! Ele não resvalara para os antigos hábitos. O problema fazia parte da obra de Deus em sua vida. O pai dos que creem tem de *perder* a fé! Pois era uma fé mista — em Deus e em Abraão.

O Senhor estava produzindo em Abraão uma nova qualidade de fé. Ele ria não de Deus, mas de si próprio. "E, sem enfraquecer na fé, embora levasse em conta o seu próprio corpo amortecido, sendo já de cem anos, e a idade avançada de Sara, não duvidou, por incredulidade, da promessa de Deus; mas, pela fé, se fortaleceu, dando glória a Deus, estando plenamente convicto de que ele era poderoso para cumprir o que prometera. Pelo que isso lhe foi também imputado para justiça" (Romanos 4.19-22, *Almeida Revista e Atualizada*). Isso é fé verdadeira. Quando somos derrotados e Deus não fala, ele nos conduz ao fim de nós mesmos e para uma total confiança em si próprio. Nada substitui uma coisa dessa. Tentamos colaborar com Deus, inflar nossa fé e proferir longas orações, mas nada acontece. Há oração que não demonstra nenhuma autoconfiança, que clama no meio da dúvida e do medo: "Não sei se adianta ou não alguma coisa agir assim, mas *eu creio*!". Deus pode usar a fé exercida no meio da dúvida extrema, fé tão pequena quanto um grão de semente de mostarda.

Resolvida a questão da circuncisão, passamos para o capítulo 18 e encontramos Abraão na posição privilegiadíssima de "amigo de Deus". Esse é o capítulo mais extraordinário do Antigo Testamento. Abraão continua em Manre, lugar de plenitude. Três homens o procuram, e um deles é Deus em forma humana, coisa que não acontece em nenhum outro lugar do Antigo Testamento. Deus apareceu não em glória como antes, mas caminhando, levando dois anjos consigo. Abraão o reconheceu e chamou de "meu Senhor". Recebeu os três como hóspedes, convidando-os para ficarem, se lavarem e comerem. Ou seja, uma nova ordem de comunhão e relação com Deus. Como demonstra a última parte do capítulo, Abraão foi acolhido no conselho divino para fazer parte dele. Era *amigo* de Deus.

Conversaram sobre o filho de Abraão, ainda a ser concebido. Dessa vez, foi Sara que não conseguiu conter o riso. Com Abraão, o problema já estava resolvido. Era o que o qualificara para ser amigo de Deus.

A história de Sodoma se desenrola, e então acontece algo estranho. Abraão é submetido à sua segunda prova relacionada com o filho. Ela acontece em Gerar, na terra dos filisteus. Abraão vai habitar ali e, como fizera no Egito, mente para Abimeleque, rei de Gerar. Depois do capítulo 18 e da comunhão de Abraão com Deus, é difícil compreender esse tipo de coisa.

Há, porém, uma diferença aqui do incidente relatado no capítulo 12. Pois, quando Abimeleque o repreende, Abraão explica por que agiu como agiu. Foi algo que tinham planejado juntos ainda na Mesopotâmia. "Pensamos que Deus nos queria vagando por esta terra. Achamos que vocês eram idólatras e tivemos medo, de modo que traçamos esse plano." A coisa não se originara no Egito: apenas viera à tona naquele lugar. Tinha raízes na Mesopotâmia e agora, em Gerar, de repente acontece outra vez. Abraão é envergonhado. Precisa aprender que Sara não pode ser separada dele. Imaginou que fosse possível na Mesopotâmia.

Abraão representa a fé; Sara, a graça. Não há como separá-las. Se a primeira está ausente, a segunda é inútil. Eis mais um detalhe traiçoeiro que precisava ser extirpado antes que Isaque pudesse ser concebido. A fé que não descansa na graça de Deus não tem valor. Não se pode sacrificar Sara.

Por causa dela, a casa inteira de Abimeleque foi punida (v. Gênesis 20.17). Pediram a Abraão que orasse em favor deles. Impossível que tenha sido algo fácil de fazer. As mulheres de Gerar tinham ficado estéreis. Como podia orar por elas quando a própria esposa tinha o mesmo problema? Por outros motivos, tudo bem; por esse, como?

Abraão, porém, não fez essa pergunta. Superara por completo os temores, questionamentos e dúvidas originados na Mesopotâmia. "Minha esposa é problema de Deus, e as deles também. Não tenho confiança alguma, exceto em Deus." O medo que estivera à espreita fora exposto à luz do dia e morto. Abraão estava livre para orar pelas pessoas. Não orou por Sara, pois agora não tinha nenhuma necessidade disso. Logo em seguida, Isaque foi concebido. "O Senhor visitou Sara, como tinha dito, e cumpriu o que lhe havia prometido. Sara ficou grávida e deu à luz um filho a Abraão na sua velhice, no tempo determinado, de que Deus lhe havia falado. Ao filho que lhe nasceu, que Sara lhe dera à luz, Abraão deu o nome de Isaque" (Gênesis 21.1-3, *Nova Almeida Atualizada*).

CAPÍTULO 8

Os dons ou o doador?

Abraão aprendera que Deus é Pai. Foi o que possibilitou sua oração em favor da casa de Abimeleque. Ele sabia que nem os problemas da família de Abimeleque, nem os de Sara, atrapalhavam em nada o agir de Deus. Sabia que, em última análise, a fertilidade não dependia nem deles, nem de si mesmo. Era dom de Deus. Ele não poderia ter orado pelo povo de Gerar se ainda abrigasse em si mesmo esperanças relacionadas com a própria necessidade. Proferiu uma oração penosa e pagou por ela o preço do completo abandono de si mesmo. Uma oração que Deus responderia de imediato.

Conhecer Deus no relacionamento íntimo do "nosso Pai" é uma coisa. Conhecê-lo como Deus, o Pai, fonte e autor de todas as coisas, é mais. Abraão aprendera que nada podia atrapalhar nem ajudar Deus. Ele é todo-poderoso!

Lemos agora que Sara viu a zombaria do filho de Hagar, a egípcia, e disse para Abraão: "[...] 'Livre-se daquela escrava e do seu filho, porque ele jamais será herdeiro com o meu filho Isaque' " (Gênesis 21.10). Parece mero ciúme humano, mas Deus falava por intermédio de Sara. Isso fica claro em Gálatas 4.30. No fim, só um filho pode cumprir o propósito de Deus, qual seja, Cristo.

Ismael representa Adão, o homem da carne. Nele estamos em escravidão, e Paulo orienta: "[...] Portanto, permaneçam firmes e não se deixem submeter novamente a um jugo de escravidão" (Gálatas 5.1). Como, então, devemos agir para com a carne?

Note primeiro que Ismael não foi mandado antes que Isaque nascesse e fosse desmamado. De nada adianta pregar contra a carne para descrentes. Eles são carne e não possuem outra coisa! Tem de haver um Isaque, um novo nascimento. Quando Isaque veio, assumiu sua posição e foi reconhecido como o filho, e então Ismael foi expulso. É Cristo residindo em nós que nos liberta. "[...] Vivam pelo Espírito, e de modo nenhum satisfarão os desejos da carne. [...] Os que pertencem a Cristo Jesus crucificaram a carne, com as suas paixões e os seus desejos" (Gálatas 5.16,24).

Enfim, o curso traçado por Deus para Abraão se completava. Chegamos a Gênesis, capítulo 22, e é para glória de Deus que aqui o Senhor ainda pôde provar seu servo. "Passado algum tempo, Deus pôs Abraão à prova [...]" (v. 1). Quantos de nós aguentamos ser ainda provados, quando todas as lições já foram aprendidas?

O que Deus exigia agora de Abraão não era nada menos que o sacrifício incondicional do seu filho. A história do Antigo Testamento enfatiza a crise emocional que foi isso para Abraão em termos pessoais. "[...] 'Tome seu filho, seu único filho, Isaque, a quem você ama, e vá para a região de Moriá. Sacrifique-o ali como holocausto [...]' " (v. 2).

No entanto, é o Novo Testamento que nos revela o custo elevado desse pedido. Muito mais que meros sentimentos humanos estavam em questão. "Pela fé Abraão, quando Deus o pôs à prova, ofereceu Isaque como sacrifício. Aquele que havia recebido as promessas estava a ponto de sacrificar o seu único filho, embora Deus lhe tivesse dito: 'Por meio de Isaque a sua descendência será considerada'. Abraão levou em conta que Deus pode ressuscitar os mortos e, figuradamente, recebeu Isaque de volta dentre os mortos" (Hebreus 11.17-19). Isaque era o filho que Deus prometera, a esperança de posteridade para Abraão. Era isso que estava em jogo — ou seja, o inigualável propósito do amor divino. O filho não era simples questão pessoal para Abraão. Se morresse esse herdeiro da promessa, sobre quem pesava o plano inteiro de Deus, o que restaria?

Portanto, essa foi a terceira prova a recair sobre Abraão, não como indivíduo, mas na condição de vaso para o propósito divino. Pois toda a plenitude da promessa se assentava sobre Isaque. Sacrificá-lo era sacrificar a palavra de aliança de Deus. O testemunho de Deus nas nações gira em torno desse rapaz, e ele deveria ser sacrificado!

"Ismael era *meu*, portanto entregá-lo era razoável; respeito isso. Mas Isaque — nesse sentido, ele não é meu. Veio por promessa, inteiramente da parte de Deus. Nem pedi por ele; Deus o *concedeu* a mim. Agora quer que o devolva! E nem o está tomando de maneira natural, pela morte; *eu* preciso sacrificá-lo. Antes de mais nada, eu não o queria, pois tinha Ismael; então por que Deus o deu? Depois de concedê-lo de forma tão maravilhosa, por que não o deixa em paz? Mas dá-lo e então pedi-lo de volta? Não é razoável!"

Mais uma vez, Abraão tem de conhecer Deus como *Pai*. Isaque viera mesmo de Deus. Quanto a esse fato, nenhum problema. A questão agora era a preocupação de Abraão com Isaque. Não podemos nos apegar de maneira possessiva aos dons divinos. Abraão aprendera que Deus era Pai no nascimento de Isaque; precisa aprender que ele continua sendo Pai após o nascimento do filho. Costumamos reconhecê-lo antes que Isaque nasça, mas, a partir do momento em que o vemos, não podemos viver sem ele!

A pergunta é: continua sendo Deus que preenche nossa visão ou passou a ser Isaque? Antes do nascimento do menino, as duas coisas eram uma só. Agora se tornaram duas, representando reivindicações distintas da nossa atenção. Agora que Isaque chegou, pensamos que o trabalho de Deus está concluído e tudo se volta para o menino. Mas Deus mantém com ele sua promessa, não a transfere para seu dom.

Isaque pode representar várias coisas. Muitos dons da graça de Deus. Antes de Deus os conceder, temos as mãos vazias. Depois ficam cheias. Às vezes, Deus estende a mão para segurar a nossa em comunhão. Precisamos então tê-la vazia para colocá-la na mão dele. Mas, quando recebemos suas dádivas e as embalamos junto ao corpo, ficamos com as mãos cheias; no momento em que Deus estende a dele, não temos mão vazia para lhe oferecer. Podemos nos apegar aos dons dele ao preço de negligenciá-lo. Costumamos nos esquecer de que nossa experiência não é para uso vitalício. Para nós, a fonte de vida é o Senhor, não nossa experiência. Apegamo-nos a ela e esquecemos que Deus é Pai. Abra mão do dom e da experiência e apegue-se a Deus! Vive-se sem Isaque, mas Deus é eterno.

Todavia, como dissemos, essa questão de Isaque é mais profunda. Envolve mais que problemas individuais. Tem a ver com o dom de Deus para nós como pessoas e as experiências pessoais que temos com o Senhor. Havia íntima relação entre Isaque e a vontade de Deus. Na verdade, Abraão talvez tenha sido levado a achar que Isaque de fato representava a vontade de Deus e, portanto, que deveria se apegar ao filho por *esse* motivo. No entanto, mesmo correndo o risco de insistir em demasia nessa questão, precisamos afirmar que a vontade de Deus não está atrelada a *Isaque* nenhum, mas ao *próprio Deus*.

Será de grande ajuda para nós compararmos dois capítulos do Novo Testamento: Lucas 22 e João 18. Eles trazem luz para essa passagem. No jardim do Getsêmani, Jesus se ajoelhou e orou: "Pai, se queres, afasta de mim este cálice; contudo, não seja feita a minha vontade, mas a tua" (Lucas 22.42). O pedido dele de que o cálice fosse afastado não significa medo da cruz. Não podemos duvidar da coragem do nosso Senhor. Se mártires morreram por ele com alegria em todas as épocas, com certeza seu Senhor não temeu a crucificação.

Há, porém, uma distinção aqui entre o que Jesus chamou de cálice e o que ele chamou de vontade. Cálice com certeza era a obra que Deus o enviara para fazer, o que incluía a cruz. A vontade era algo que lhe estava por trás, no coração do próprio Deus. Nessa passagem, o cálice é uma única obra — a redenção. Jesus sabia que viera por causa dela, antes mesmo de deixar o céu. Contudo, não se apegara a ela a ponto de não conseguir abrir mão dela. Havia um "se possível" em seu pedido, e claro que existiam razões humanas reais pelas quais uma alternativa talvez fosse bem recebida, se Deus assim o desejasse. No entanto, para ele não havia nenhum "se possível" em relação à vontade divina; *ela* tinha de ser feita, "possível" ou não. Até a noite anterior à crucificação, em momento algum passou pela cabeça de Jesus: "Preciso ser crucificado a todo custo". Mas, sim, "Preciso fazer a vontade daquele que me enviou". Uma coisa está subordinada à outra e poderia ser alterada; a outra coisa, a vontade de Deus, é algo que está no próprio Deus e deve ser cumprida. Por importante — não, vital — que a cruz com certeza era, o Senhor Jesus não se apropriara dela para si mesmo. Tudo que importava para ele era a vontade do Pai, e a decisão de como essa vontade seria satisfeita permanecia nas mãos do Pai, não nas dele.

O cálice, portanto, representa a obra e a vontade, o próprio Deus. Preocupamo-nos com Deus, não com o que ele deseja que façamos. Para Cristo, a vontade de Deus era algo sempre presente, sempre a ser realizado. Ele não se apegava nem mesmo a um ponto único dessa vontade, como a crucificação. Mas quando ficou claro para ele, sem sombra de dúvida, que a cruz fazia parte da vontade de Deus para a sua vida, com igual assertividade ele disse para Pedro — e note que essas palavras seguem as anteriores: "[...] 'Acaso não haverei de beber o cálice que o meu Pai me deu?' " (João 18.11). Jesus prioriza o que vem em primeiro lugar, a vontade do Pai antes da obra que essa vontade envolve.

Como somos perversos! Até Isaque chegar, agimos como Abraão; não o queremos. Mas, a partir do momento em que Isaque nos é dado, não vivemos sem e temos de nos apegar a ele. Primeiro nos opomos a Isaque; depois o possuímos. Assim é o homem! E é com isso que Moriá tem a ver. Foi a última prova de Abraão.

Amamos a tarefa que Deus nos deu para fazermos em prejuízo daquele que a ordenou? Ou nossa comunhão com Deus é a mesma, quer ele dê, quer retire nosso Isaque? Só quando for assim, o que Isaque representa pode ser mantido sobre a Terra. Louvado seja Deus, porque Abraão não murmurou em absoluto! Nem usou o termo "sacrifício". Ele disse: "[...] 'Fiquem aqui com o jumento enquanto eu e o rapaz vamos até lá. Depois de adorar, voltaremos' " (Gênesis 22.5). A experiência era de fato adoração para ele.

Foi então que Deus pôde lhe devolver Isaque. A relação de posse já fora quebrada. A atitude do coração de Abraão era: "Não ouso pensar demais em Isaque. Não sei o que Deus fará com ele".

Contudo, a experiência resultou em algo maior para Abraão; ele descobriu que Deus era não só o Deus da criação, mas também da ressurreição. Hebreus 11.19 conta que ele chegou à conclusão de "que Deus pode ressuscitar os mortos e, figuradamente, recebeu Isaque de volta dentre os mortos". Nisso também conheceu Deus como Pai, e por mais esse motivo foi considerado justo. "Não foi Abraão, nosso antepassado, justificado por obras, quando ofereceu seu filho Isaque sobre o altar? Você pode ver que tanto a fé como as obras estavam atuando juntas, e a fé foi aperfeiçoada pelas obras. Cumpriu-se assim a Escritura que diz: 'Abraão creu em Deus, e isso lhe foi creditado como justiça', e ele foi chamado amigo de Deus [...]" (Tiago 2.21-23). Tudo que de fato tem valor para nós, mesmo a tarefa que Deus nos dá, e mesmo nosso conhecimento da vontade do Senhor, tem de passar pela morte até a ressurreição. Na ressurreição, sabemos se tratar de algo tão miraculoso da parte de Deus que nunca mais podemos tomá-lo em nossas mãos como se o possuíssemos. A ressurreição o coloca fora do nosso alcance. Isaque nasce na minha casa, mas habita na de Deus. Não é meu, não posso retê-lo. Deus se tornou tudo. Isso concorda com as palavras iniciais da promessa de Deus a Abraão no monte. "[...] 'Juro por mim mesmo', declara o SENHOR [...]" (Gênesis 22.16). Não existe nada maior.

Segue-se a promessa desenvolvida em sua plenitude, e ela é maravilhosa demais: "[...] por ter feito o que fez, não me negando seu filho, o seu único filho, esteja certo de que o abençoarei e farei seus descendentes tão numerosos como as estrelas do céu e como a areia das praias do mar. Sua descendência conquistará as cidades dos que lhe forem inimigos e, por meio dela, todos os povos da terra serão abençoados, porque você me obedeceu" (v. 16-18). O chamado de Abraão foi primeiro para a terra, segundo para o povo de Deus e agora, em terceiro lugar, para "todos os povos da terra".

Por meio de profunda experiência, Abraão veio a conhecer Deus não só como doador de dons, mas como o *Pai*, a fonte de tudo. Isso *o* qualificava para ser pai dos que criam. Foi o que o adequou para ser vaso de Deus no programa divino de restauração.

Isaque: o filho concedido

CAPÍTULO 9

A riqueza do filho de Deus

O sacrifício de Isaque é a lição mais profunda daquele que crê. Dirige-nos sem rodeios à pergunta: nossa esperança e expectativa continuam em Deus, ou em Deus *e* no Isaque a que nos apegamos? Ou, pior ainda, nossa esperança está só no seu Isaque? Afinal, só Deus pode cumprir o próprio propósito. Quando não tinha Isaque, eu olhava para Deus. Com Isaque, ainda olho para Deus do mesmo jeito.

Abraão entrara não só na terra, mas no coração de Deus. Tornara-se vaso do Senhor, por meio de quem ele podia realizar sua obra de restauração. Isso não era simples questão de justificação pela fé, mas do *homem* justificado. Deus havia se assegurado do homem que ele desejava.

A experiência de Abraão é o padrão divino para lidar com seu povo. Hoje ele quer não apenas um Abraão, mas um vaso coletivo. Portanto, a experiência de Abraão deve ser a de cada indivíduo, não só como tal, mas também como membro de um corpo. Para nós todos, o propósito divino é que juntos sejamos a descendência de Abraão.

Ah, podemos dizer, a experiência de Abraão é maravilhosa, só que eu não sou ele. Em Gênesis 22, Abraão brilha. Depois de todos esses anos, nunca brilhei! Abraão é o vaso-modelo de Deus, com certeza, mas como posso um dia chegar aonde ele chegou? Deus cumpriu seu propósito em Abraão. Será possível que consiga fazer a mesma coisa em mim? Lembre-se do que dissemos no início. Deus é não apenas o Deus de Abraão, como também o de Isaque e Jacó. Isso deveria servir para nos lembrarmos pelo menos de que Abraão não está sozinho, completo e suficiente em si mesmo, como vaso de Deus para o cumprimento do seu propósito. Isaque e Jacó também foram necessários em conjunto com ele. Além do mais, caso se pretenda que tomemos parte nesse propósito, devemos conhecer não apenas o Deus de Abraão, mas também o de Isaque e Jacó. Precisamos ter a experiência desses dois também. E, ao contemplarmos a experiência deles, descobriremos nossas perguntas começando a ser respondidas. Abraão é o padrão, sem dúvida, mas entre ele e o reino de Israel há os outros dois. O vaso coletivo é assegurado pelo testemunho de todos os três. Quando o Senhor é o Deus de Abraão, de Isaque e de Jacó, e quando seu povo assim o conhece, então o Reino vem.

Abraão foi o pai *por excelência*. Teve de aprender a conhecer Deus como Criador, mas a peculiaridade da obra divina sobre ele foi torná-*lo* original em mais de um sentido. Ele foi um verdadeiro ancestral, posto que pioneiro. Foi o primeiro homem das Escrituras a renunciar a tudo; a "passar" para Canaã, e por isso ser chamado de hebreu; a ter íntima comunhão com Deus como de homem para homem; a gerar um herdeiro aos 100 anos de idade; a rejeitar o filho natural em favor do dom milagroso de Deus; e a então sacrificar esse dom a mando de Deus.

Contudo, se Abraão era o pai, imediatamente vemos Isaque como figura de Cristo, o Filho. Nenhuma história tipifica Cristo como a de Isaque. Constituído herdeiro por promessa divina, ele nasceu não segundo a carne, mas segundo o Espírito (v. Gálatas 4.29). Afora Cristo, não houve outro de quem se disse tal coisa. Relatemos em rápidas palavras outros sentidos em que Isaque pode ser um tipo de Cristo. Para Sara, ele era o único e adorado filho verdadeiro de Abraão (v. Hebreus 11.17). Depositado pelo pai em cima do altar, foi recebido de volta como dentre os mortos, de modo que se tornou, para o pai, ressurreto. Depois que Sara morreu e sua "época da graça" acabou, a noiva de Isaque, figura da Igreja, foi conduzida de um país distante até ele. Contudo, ela chegou à sua presença como a Igreja, da vontade de Deus, não introduzida de fora, mas nascida dentro, pois Rebeca e Isaque tinham o mesmo sangue, eram da mesma família, como são Cristo e os que lhe pertencem. Ademais, Isaque de fato tomou posse de sua herança. Em determinado ponto, Abraão desceu ao Egito e Jacó retornou para a Mesopotâmia, mas Isaque nasceu, viveu e morreu em Canaã. Esse é o Filho "que está no céu" (João 3.13, *Almeida Revista e Atualizada*), nunca tendo deixado o regaço do Pai.

Ou seja, em detalhes notáveis, Isaque é um tipo de Cristo. Mas, deixando de lado a importância dessa tipificação, devemos agora nos voltar para as lições práticas a serem aprendidas com a experiência vivida por ele. Na verdade, sua experiência é das mais comuns no Antigo Testamento. Homem aparentemente sem uma personalidade distinta, nesse aposto foi o oposto de Abraão. Seu pai fizera muita coisa a que ninguém mais se atrevera. Isaque não fez nada que alguém já não tivesse feito antes.

Ismael zombou de Isaque — que não disse nada. Ele não tinha iniciativa. Seguiu o pai até Moriá e ali se permitiu ser depositado em cima do altar — sem proferir uma palavra. O que seu pai fez, ele aceitou. Só se permitiu uma pergunta; nada mais.

Nem sobre o próprio casamento ele teve algo a dizer. Não sabia nada sobre a mulher, nem foi consultado pelo pai acerca da escolha dela. Do ponto de vista humano, tudo que ele fazia era em uma atitude passiva, negativa. Para nós, Isaque é o filho que "não pode fazer nada de si mesmo" (João 5.19).

Com 60 anos de idade, Isaque tinha dois filhos. Abraão precisara agir em relação a seus filhos; fora obrigado a mandar embora o mais velho. Isaque não fez nada parecido; nem lhe pediram que depositasse o filho sobre um altar. Tudo era difícil para Abraão; para Isaque, tudo era simples e direto. Nem para pecar ele conseguia ser original; o pecado que cometeu em Gerar era uma réplica do de seu pai! Três poços foram cavados por Abraão; Isaque limitou-se a reabri-los. Quando Abimeleque se avistou com Abraão, este o repreendeu pelos danos causados aos poços. Quando ele foi estabelecer uma aliança com Isaque, este só lhe perguntou por que seus servos tinham feito tamanho estrago; não lhe dirigiu repreensão alguma.

Na velhice, Isaque afinal demonstrou ter ideias próprias quanto às bênçãos dirigidas aos filhos. Desejava abençoar Esaú. Mas Deus não o deixaria fazer algo que seu pai não fizera; precisaria abençoar também o filho mais novo! No fim, até o túmulo em que Isaque descansou foi o fornecido por seu pai.

De certa forma, Isaque complementa Abraão. Se este personifica o plano divino, o padrão divino, aquele representa a vida de Deus, o poder de Deus. Ver Abraão isoladamente, sem o auxílio de Isaque, é difícil para nós. Ao deparar com as exigências de Deus, muitos não conseguem compreendê-las porque não viram a provisão de Deus. Enxergam o padrão, mas não a vida que satisfaz esse padrão. Isaque nos oferece um retrato da vida.

Para ele, Abraão deu tudo que tinha (v. Gênesis 24.36; 25.5). Isaque não precisou trabalhar, esforçar-se demais, gastar tempo a fim de conseguir alguma coisa. Tudo lhe foi concedido. Abraão o alcançou passando por longas provações; Isaque herdou em uma única dádiva imediata. De tudo que recebeu, nada foi por seu próprio trabalho. Não precisou nem viajar para chegar a Canaã como aconteceu com seu pai; já nasceu ali.

Pouco importava seu relacionamento com o pai. Ao observarmos sua relação com Deus, encontramos a mesma coisa. A promessa para Isaque em Gênesis 26.2-5 é a mesma feita a Abraão e contém as palavras "confirmarei o juramento que fiz a seu pai, Abraão" (v. 3). Não havia nada de novo nela que não tivesse sido prometido antes a Abraão. E a Bíblia diz que seu cumprimento foi "porque Abraão me obedeceu e guardou meus preceitos, meus mandamentos, meus decretos e minhas leis" (v. 5). De novo, quando o Senhor aparece para Isaque em Berseba, fala de si próprio como "eu sou o Deus de seu pai, Abraão" e lhe assegura: "[...] estou com você; eu o abençoarei e multiplicarei os seus descendentes por amor ao meu servo Abraão" (v. 24). Tudo foi concedido a Isaque por ele ser filho de Abraão.

A grande característica de Isaque é essa concessão e aceitação. O Deus de Isaque é Deus, o doador. O Deus que se revela a nós. Devemos conhecê-lo desse modo e também como Pai. Se só o conhecermos como o Deus de Abraão, não há aproximação alguma dele. Como o Deus de Isaque, ele vem até nós e nos dá tudo em seu Filho. Ninguém pode seguir em frente e alcançar o propósito divino, a menos que saiba receber dessa maneira. Romanos 7 nos oferece um retrato do homem que ainda não encontrou o Deus de Isaque. Ele está para sempre debaixo da Lei e clama o tempo todo: "[...] Porque tenho o desejo de fazer o que é bom, mas não consigo realizá-lo" (v. 18). Não viu que tudo lhe é oferecido em Cristo, nem quão completa é essa provisão. O segredo está em receber, não em fazer. A via de acesso não passa pelo exercício da vontade, mas pela lei do Espírito de vida em Cristo Jesus (v. Romanos 8.2). Sabemos o que o Deus de Abraão quer — impossível deixar de saber —, mas não como chegar lá até encontrarmos o Deus de Isaque. Vitória, vida, salvação — tudo concedido, não alcançado. Para quem nasce em berço de ouro, é muito difícil ser pobre! É rico; *nasceu* assim.

Nunca trabalhamos por nossa salvação, escalando os montes pouco a pouco, até a alcançarmos. O Senhor nos buscou e salvou. Na vitória sobre o pecado, a mesma coisa: ela é recebida, não algo pelo que se trabalhe. Oh, que possamos aprender a louvar a Deus por ter provido para nós tamanha abundância em Cristo!

Pedro diz que "fugimos" da corrupção existente no mundo (v. 2Pedro 1.4). Não diz que "somos capazes de" fugir, ou que "esperamos" fugir, mas que *já o fizemos*. Esse é o Deus de Isaque. O que Deus fez, recebemos e usufruímos. Não aguardamos o tempo todo, acalentando uma esperança, procurando conquistar ansiosamente. Nascemos nesse lar; temos tudo. A herança nos pertence.

Deixemos muito claro o que é a vida daquele que crê. Não tem a ver com "daqui até ali". Mas, sim, com "dali até aqui". Começa em Deus. Como ensina Paulo, são os pais que devem ajuntar riquezas para os filhos, não o contrário (v. 2Coríntios 12.14).

Alguns de nós nos obrigamos a fazer coisas que não queremos a fim de vivermos uma vida que na verdade não podemos viver, e pensamos que, ao empreender esse esforço, somos cristãos. Isso está muito distante do que foi Isaque. A vida cristã é vivida quando recebo a vida de Cristo em meu interior como um presente para seguir adiante por essa vida. É da natureza da vida de Cristo não amar o mundo, mas se distinguir dele e dar valor à oração, à Palavra e à comunhão com Deus. Não são práticas naturais para mim; por natureza, obrigo-me a implementá-las. Mas Deus forneceu outra natureza e quer que eu me beneficie da provisão que ele fez.

A única pergunta proposta por Isaque foi: "Onde está o cordeiro?" (Gênesis 22.7). A resposta vem plena de significado: "Deus mesmo há de prover" (v. 8). Essa é a vida de Isaque. Perguntamos, e a resposta é sempre a mesma: "Deus mesmo há de prover". Por isso Abraão chamou o lugar da ressurreição de "O SENHOR Proverá". Toda exigência, o próprio Deus supre; eis a experiência de Isaque. Em Abraão, o Senhor estabelece um padrão; em Isaque, mostra-nos seu armazém. Força, vida, graça de Deus, tudo isso é nosso para recebermos a fim de que possamos fazer frente ao padrão divino do vaso para testemunho.

Vimos Abraão e Isaque; precisamos nos voltar um instante para Isaque e Jacó, pois Isaque ocupa lugar entre os outros dois. Nas comparações ainda diante de nós, vimos o que Deus tem dado *para* nós. Mas não podemos parar por aí; precisamos também perguntar o que Deus está assegurando *em* nós. Sabemos que Cristo é tudo. Mas em nós há um rival de Cristo, ou seja, nossa própria força da natureza. Ela também precisa encontrar sua resposta, e, quando acabarmos de lidar com Isaque, essa resposta será o tema dos nossos capítulos finais.

Isaque recebeu tudo e, justo por sua passividade, expõe a graça magnânima de Deus. Jacó perdeu tudo e, em suas provações, exemplifica o rigor da mão disciplinadora de Deus. Em Isaque, Deus ministra para nós a vida triunfante da ressurreição de Cristo. Em Jacó, contemplamos o outro lado da moeda; pois Deus é constrangido, por causa de Cristo, a aplicar em nós a disciplina do Espírito. A vida natural em nós está sendo paulatinamente reduzida a zero a fim de que Cristo possa ser manifesto em plenitude. A obra de Deus em Jacó será na verdade criar espaço para o Deus de Isaque.

CAPÍTULO 10

Status de herdeiro

O verdadeiro cristianismo sempre compele as pessoas a receberem algo, e esse é seu traço distintivo. A carta de Paulo aos gálatas estabelece um paralelo minucioso entre nós e Isaque e mostra que somos pessoas que recebem tanto quanto ele. Somos herdeiros (v. Gálatas 3.29; 4.7). Partilhamos das promessas (cf. 3.22; 4.28). Há uma herança em vista e dela participamos (cf. 3.18; 4.30ss). Em tudo isso, nossa posição é a de quem recebe.

Ismael nasceu escravo. Sua mãe era escrava, cujo *status* ele compartilhava. A escravidão era sua herança. Mas Isaque, tendo em vista o *status* de sua mãe, nasceu livre. Em termos neotestamentários, Sara representa a graça, e Hagar representa a Lei (v. 4.24ss). Graça significa que a salvação é dom gratuito de Deus, pelo qual nada fazemos. Ele se encarrega de tudo.

Na carta aos Romanos, Paulo deixa claro que o pecador depende da graça para ser salvo. Nesses capítulos de Gálatas, ele mostra que de igual modo o cristão depende da graça para se manter na vida cristã. Nunca fizemos nada, nem demos nada para Deus, em troca da nossa salvação. Agora devemos prosseguir do mesmo modo, sem transformar nem

101

mesmo a fé em algo que fazemos, mas olhando com confiança para a graça do Senhor e continuando a receber. Pois Cristo preparou tudo para nós.

A obra de Cristo tem dois lados, expressos em duas afirmações simples. A primeira: você e eu estamos em Cristo. A segunda: Cristo está em você e em mim. Todo fruto da nossa união com Cristo é regido por essas duas declarações do que Deus fez. O próprio Senhor Jesus expressa o conceito em uma frase sucinta: "Permaneçam em mim, e eu permanecerei em vocês [...]" (João 15.4).

Em virtude da nossa posição em Cristo, beneficiamo-nos com todos os fatos da história de Jesus: sua vida na Terra, sua morte e ressurreição e seu assento à direita de Deus. A obra inteira do Senhor passa a ser nossa — tudo que ele já fez e que é abrangido pela declaração: "[...] 'Está consumado!' [...]" (João 19.30). Em virtude do fato adicional de que Cristo está em nós, tornamo-nos participantes de sua vida. Todo o poder dele, tudo que ele pode fazer agora, tudo que ele é hoje, passa a ser nosso. Esses dois aspectos de nossa união com ele estão incluídos em nossa herança; se quisermos tomar posse de toda a nossa herança, devemos analisar tanto um quanto o outro. Se só soubermos que estamos em Cristo, seremos passivos e fracos. Se só soubermos que Cristo está em nós, a vida será difícil e sempre nos faltará alguma coisa. Isoladas, nem uma coisa nem outra nos bastam. As duas são dádivas que já nos foram concedidas com o intuito de prover para nossa vida, nosso futuro, nossa posição diante de Deus, nossa santidade na prática — tudo.

Já de início, Deus nos concede uma nova posição a fim de que tenhamos um novo começo. Faz isso colocando-nos em Cristo. Se estou no fundo de um poço terrível, continuo em seu interior sem ter como sair até que Deus me puxe para cima e deposite sobre uma rocha. Foi o que ele fez por nós em Cristo. Colocando-nos nele, solucionou todo o nosso passado, do mesmo modo que nos deu tudo que necessitamos para o presente e o futuro inteiro ao colocar a vida de Cristo em nós. Os dois lados são necessários para nos libertar do nosso esforço árduo para alcançar o lugar de descanso e nele adentrarmos, onde tudo provém de Deus.

Como precisamos desse novo começo em Cristo! Somos pecadores aos olhos de Deus e necessitamos de libertação e de uma nova posição diante do Senhor.

Pertenço à raça de Adão e só tenho Adão em mim. Não apenas minha conduta é má, *eu* sou mau. O homem em si está errado, não apenas seus atos.

Cristãos jovens, demoramos longo tempo para aprender isso. Só depois de amarga experiência nos ocorre que o problema não são as compras caídas no chão, mas o defeito da sacola que as contém. Se um objeto atrás do outro que guardamos nos bolsos acaba caindo, acabamos desistindo de devolvê-los ao mesmo lugar. Em vez disso, tateamos querendo descobrir se por acaso os bolsos estão furados! A recorrência infalível de nossos pecados de precipitação no discurso, irritabilidade, egoísmo ávido e assim por diante — mesmo quando conhecemos o perdão de Deus — expõe o fato de que o problema está dentro de nós.

O apóstolo Paulo deixa isso claro na primeira parte de Romanos, até o início do capítulo 5, em que nos mostra como a conduta do homem é errada e que a cura está no perdão de Deus por meio do sangue precioso de Cristo.

Depois, na segunda parte, que vai até o capítulo 8, ele demonstra que o homem *em si* é errado e precisa de tratamento. Qual o remédio aqui? Um só: esse homem tem de morrer.

Deus não diz "a alma que peca deve ter os pecados purificados", mas, sim, "a alma que peca tem de morrer". Paulo afirma que "quem morreu foi justificado do pecado" (Romanos 6.7). Não existe outro remédio. Aos olhos de Deus, devemos morrer.

Mas que tipo de salvação seria a nossa se terminássemos assim? Existe a necessidade de uma ressurreição para a nova vida, e de um novo começo. Precisamos não apenas morrer aos olhos de Deus, mas voltar a viver. Com certeza, também deve haver uma nova posição. Preciso não apenas *viver*, mas viver *para Deus*; e como ele está no céu, tenho de *subir* para lá. Ou seja, deve haver uma morte, uma ressurreição e uma ascensão antes que o problema herdado por mim de Adão seja revertido.

Como isso pode ser possível? Como posso morrer, e ser ressuscitado, e subir até onde Deus está? A resposta é simples: não posso. O homem pode buscar esse tipo de morte, mas sem nunca a alcançar. Pode correr atrás da ressurreição e só conseguir uma cova. Pode buscar o céu, mas se descobrir preso à terra. Fugir da herança de Adão e do reinado do pecado é um problema intransponível.

Há de fato uma única solução e ela é manifesta com muita clareza em 1Coríntios 1.30. A versão chinesa dessa declaração é: "Que vocês estejam em Cristo Jesus, é de Deus [...]".[1]

---

[1] A *New International Bible* (*NIV*), em tradução livre do inglês, diz: "É por causa dele [Deus] que vocês estão em Cristo Jesus [...]". Já a *Nova Versão Internacional* (*NVI*) afirma: "É, porém, por iniciativa dele que vocês estão em Cristo Jesus [...]".

Uma afirmação da maior importância. Foi uma ação divina que me colocou em Cristo Jesus. Não foi nada que fiz ou que poderia ter feito. E tudo relacionado com minha salvação tem origem no fato de que Deus o fez.

Você já viu essa ilustração antes, mas vou repeti-la. Tenho comigo um bilhete de ônibus que guardo entre as páginas de um livro. Agora jogo o livro no fogo e o queimo. O que acontece com o bilhete? Ou digamos que eu atire o livro dentro do rio. E o bilhete? Ou, de novo, digamos que embrulhe o livro, leve-o até a agência do correio e o envie para a Europa. Onde está o bilhete? Você pode responder a cada pergunta dessas com absoluta certeza; no entanto, o fato é que, depois de colocá-lo dentro do livro, não fiz mais nada com o bilhete em si. Não foi o bilhete que despachei para a Europa, mas, sim, o livro. Pelo fato de ele estar dentro do livro, onde o livro for, o bilhete terá de ir. Ele participa de tudo que acontece com o livro. Quando digo o que aconteceu com o livro, você não precisa parar e ficar cismando com o que terá acontecido ao objeto inserido entre as páginas do livro.

Fomos colocados *em Cristo*. Quando ele foi morto, *morremos* nele, porque *estamos* nele (v. Romanos 6.6). Além disso, a obra de Deus não parou por aí, pois o Senhor Jesus ressuscitou e subiu para estar à direita do Pai. Mas, pelo fato de *estarmos* em Cristo Jesus, também fomos *vivificados* com ele, e *ressurretos*, e *assentados* com ele nos lugares celestiais (v. Efésios 2.5ss). Temos nova posição na presença de Deus, e não se trata de algo que conquistamos, mas que nos pertence por estarmos *em Cristo*. Esses fatos, historicamente verdadeiros em relação a ele, também se tornaram reais em nossa experiência.

É importante entender que as Escrituras consideram nossa morte, ressurreição e ascensão fatos históricos "concedidos" em Cristo. Sabemos que nosso velho homem foi crucificado com ele (v. Romanos 6.6). A menos que tenhamos motivo para não nos considerarmos "em Cristo", não podemos dizer que tais fatos são falsos. Eles se seguem no encadeamento lógico ao que Deus realizou quando do passo inicial da nossa salvação.

Impossível enfatizar o suficiente que esse é o primeiro elemento da nossa herança em Cristo. Nossa morte em Cristo Jesus, e a liberdade do pecado que a acompanha, não são doutrina, mas herança. Não são coisas que preciso fazer, mas dádivas que tenho *recebido*. Por mais que tente, só conseguirei para mim mesmo o que por esforço não dá certo. Mas, se vejo que *Deus* agiu e o "velho homem", sempre um problema tão grande, foi há muito *crucificado*, sei então o que é andar em novidade de vida.

Preciso agora compartilhar minha experiência com você. Há treze anos cheguei a um ponto em que sabia haver uma deficiência em algum lugar da minha vida. O pecado vinha me derrotando e percebi que alguma coisa estava fundamentalmente errada. Pedi a Deus que me mostrasse o significado da expressão "Fui crucificado com Cristo". Passei alguns meses orando muito a sério e lendo as Escrituras em busca de luz. Foi ficando cada vez mais claro para mim que, ao falar conosco sobre o assunto, em parte alguma Deus diz "vocês precisam ser". Era sempre "vocês foram". Contudo, em vista dos meus fracassos constantes, isso não parecia possível, a menos que eu fosse desonesto comigo mesmo. Quase concluí que só pessoas insinceras podiam fazer esse tipo de afirmação.

Então, certa manhã, minha leitura da Bíblia me conduziu a 1Coríntios 1.30: "[...] vocês estão em Cristo Jesus [...]". Olhei de novo para o versículo. "É [...] por iniciativa dele [Deus] que vocês estão em Cristo Jesus [...]"! Impressionante! Então, se Cristo morreu — e isso é um fato irrefutável — e se Deus me colocou *nele*, significa que devo ter morrido também. De repente, *enxergue*i. Não sou capaz de contar a você que descoberta maravilhosa foi essa.

Nosso problema hoje está em pensarmos na crucificação com Cristo como uma experiência que temos de alcançar de alguma forma. Nada disso. Ela é algo que *Deus* já fez; só precisamos receber. A diferença toda está aqui: a cruz é uma doutrina a ser compreendida e então aplicada? Ou uma revelação que de repente Deus faz brilhar em meu coração? É bem possível, como provei, conhecer e pregar a doutrina da cruz sem enxergar esse fato maravilhoso.

Tudo que Deus fez, ele primeiro o fez para Cristo, e só então para nós por estarmos *em* Cristo. Deus não faz nada diretamente em nós. À parte e fora de Cristo, Deus não tem obra nenhuma da graça. Aqui está a preciosidade de 1Coríntios 1.30. Deus não apenas nos deu Cristo, como também a *experiência* de Cristo; não só o que ele pode fazer, mas o que *já* fez. Da sua morte em diante, tudo que ele tem nos pertence! Essa é a provisão divina que Isaque ilustra para nós.

Contudo, não devemos parar por aqui. Vimos o fato de Cristo, de tudo que ele já realizou no passado e que agora temos nele, e que solucionou nosso passado por estarmos em Cristo. Mas o outro lado da moeda é que Cristo está em nós não pelo passado, mas por hoje e por todo o *futuro*! Sua vida nos é dada, de modo que agora ele, exaltado no céu, é a força da nossa vida. Nele, recebi sua obra acabada. Em mim, ele me dá sua força.

Como podemos ser vitoriosos, justos, santos? Primeiro temos de entender com muita clareza que Deus não constituiu Cristo um exemplo a ser copiado por nós. Ele não nos outorga sua força para nos ajudar a imitar Cristo. Tampouco implantou Cristo em nós para nos ajudar a sermos semelhantes a ele. Gálatas 2.20 não é um padrão de empenho recordista para nós. Não é um objetivo elevado a que devemos aspirar por meio de longa busca e progresso paciente. Não, esse não é o propósito de Deus em absoluto. Mas é seu *método*. Quando Paulo diz "já não sou eu quem vive, mas Cristo vive em mim", está nos mostrando que só Cristo satisfaz o coração de Deus. Essa é a vida que dá satisfação a Deus naquele que crê, e nada a substitui. "Já não sou eu [...] mas Cristo" significa Cristo *em vez de* mim. Ao usar essas palavras, Paulo não está declarando ter alcançado algo a que seus leitores ainda não conseguiram chegar. Ele está definindo a vida cristã. A vida cristã é a vida de Cristo. *Cristo* em mim se tornou minha vida e vive minha vida em meu lugar. Não se trata nem de *eu confiar nele* como um ato suficiente, separado. Não. Deus me dá Cristo para que ele seja minha vida.

Além disso, na nova vida existe uma lei — a lei que determina como é a expressão dessa vida. Não se trata apenas de uma *vida* estar presente em mim, pois, se fosse só isso, eu então teria de me agarrar bem firme a ela. Não, existe uma lei dessa vida (v. Romanos 8.2), e ela é capaz de cuidar de si mesma.

Quando colocamos um livro sobre uma mesa, nem sempre precisamos depositá-lo cuidadosa e exatamente bem em cima da superfície da mesa. Podemos soltá-lo, como quem deixa cair um pedaço de papel no cesto de lixo. A lei da gravidade está em operação e assegura que o livro cairá no lugar devido. Sem a lei da gravidade, precisaríamos ser mais cautelosos, ou ele poderia subir em vez de descer. Mas a lei é capaz de cuidar de si mesma, portanto não precisamos fazer isso. De igual modo, não precisamos tomar conta da lei da vida em Cristo Jesus; ela será capaz de cuidar de si mesma!

Costumamos encontrar dificuldades na vida cristã, quando então nos voltamos para Deus em busca de ajuda. Bem, está errado. Tentamos usar a vida em vez de permitir que ela nos use. Esqueça-se disso, e a lei operará, e a própria vida dará certo. Diga para Deus: "Não posso fazer tal coisa, mas *sua* vida em mim pode e o fará. Estou depositando minha confiança no Senhor". Não existe nem a necessidade — raras vezes há tempo, na verdade — de exercer fé conscientemente nessa questão. Há uma lei, e a lei deve sempre funcionar; só precisamos descansar nela. Como Isaque, temos tudo feito em nosso favor pelo Pai.

É nesse ponto exato que a segunda metade de 1Coríntios 1.30 se mostra tão magnífica. "[...] Cristo Jesus, o qual se tornou para nós [...] sabedoria, justiça, santificação e redenção" (*Nova Almeida Atualizada*). Quer dizer que a sua, e a minha, justiça não é uma qualidade ou uma virtude em si; na verdade, é uma pessoa viva. Minha santidade não é uma condição de vida, mas uma pessoa. Minha redenção não é uma esperança, mas Cristo em mim, a esperança da glória (v. Colossenses 1.27). Sim, Cristo em mim, e Cristo em você — é tudo de que necessitamos.

A vida diária do cristão se resume na palavra "receber". Cada desafio que Deus requer de mim — longanimidade, mansidão, humildade, bondade, santidade, alegria — não é algo que *sou*, ou que *faço*, ou alguma virtude que alcanço. É Cristo em mim. Cada um deles é a manifestação de *Cristo*. Deixe-o ser revelado, natural e espontaneamente, e isso basta. "[...] o qual [Cristo] se tornou para nós [...]." Se estivesse escrito que ele justifica, santifica e redime, conseguiríamos compreender. Todavia, as Escrituras não dizem que ele *executa* essas coisas. O texto usa substantivos abstratos ao afirmar que Cristo *é* tais coisas. Cristo em nós atende a cada exigência divina, e cada exigência das circunstâncias ao nosso redor.

Não está em nós sermos humildes nem descobriremos que ajuda confiar no poder de Cristo para nos tornar humildes. Para Cristo, é natural ser humilde — ou seja, acontece pela própria natureza — e ele é feito nossa humildade, pois é nosso tudo. Mesmo a fé, a confiança e a obediência, se as considerarmos virtudes pelas quais alcançamos alguma coisa, se provarão ineficazes. Não é porque confio em sua Palavra que posso ser longânimo. É porque Cristo é longânimo e — louvado seja Deus —, está em *mim*! Mais uma vez, temos aqui Isaque — natural, simples, espontâneo, dotado de uma confiança implícita e que nada questiona — pois a provisão do Pai é absoluta em suficiência.

CAPÍTULO 11

Nova vida interior

Só conhecendo primeiro o Deus de Isaque podemos avançar para conhecê-lo como o Deus de Jacó. A menos que tenhamos consciência de nossa herança como algo já assegurado e estabelecido em Cristo, e a nós concedido por Deus, não contamos com nenhum fundamento para seguir em frente. Ser submetido à disciplina do Espírito sem antes conhecer essa garantia de uma obra de Deus já realizada em Cristo seria uma coisa terrível.

Correndo o risco de exagerar na ênfase do que estou querendo dizer, permita-me repetir: tudo que Cristo fez e tudo que temos nele *já é nosso*. Como filhos de Deus, já estamos em Cristo; somos um com ele. Não acalentamos a esperança de que venha a acontecer; já aconteceu. A única questão que se coloca é: cremos de fato na Palavra de Deus quando a lemos?

Fomos crucificados, enterrados, ressuscitados e assentados junto de Cristo. Se a morte dele é passada, também a nossa. Homem algum pode dizer que a morte de Cristo está no futuro; então, por que a nossa estaria? Tanto quanto a dele, nossa morte é fato 100% consumado, não 99%! Nem todo pecado e toda fragilidade do mundo são capazes de alterar essa verdade; o pecado é uma questão completamente diferente.

Antes de compreendermos isso, ansiamos pela morte a fim de fugirmos do pecado. Contudo, a partir do momento em que entendemos que já morremos em Cristo, nossa perspectiva tanto do pecado quanto da morte muda por completo. Não são os beatos, mas, sim, os que oram que alcançam o caminho da santidade — aqueles que compreendem e, tendo compreendido, creem e, tendo crido, louvam.

Muitos de nós lemos Romanos 6.11: "Da mesma forma, considerem-se mortos para o pecado, mas vivos para Deus em Cristo Jesus". *Oh*, exclamamos, *eu já experimentei isso! Tentei me considerar morto para o pecado, mas sempre descubro que pequei antes de ter tido tempo de concluir a parte de me considerar morto!*

Mas o que é considerar? Estou com uma nota de 5 reais na carteira. Considero que tenho 5 reais pela simples razão de que a cédula está em meu poder. De que adiantaria considerar esse fato se não tivesse a cédula? Considerar significa contabilizar — manter o balanço em dia. E o bom senso me diz que o balanço das contas precisa manter uma relação direta com o dinheiro em caixa.

Deus ordena que nos consideremos mortos porque *estamos* mesmo mortos. Não há outro motivo para isso. "[...] o nosso velho homem foi crucificado com ele [...]" (Romanos 6.6), e temos consciência disso. Por conseguinte, as Escrituras nos dizem para confiarmos nisso. A morte como *fato* antecede o gesto de nos considerarmos mortos, não o contrário. Essa é a diferença entre vitória e derrota. O dinheiro continua na minha carteira, quer eu o considere dentro dela, quer não; estou morto com Cristo, quer considere isso um fato, quer não. Na cruz de Cristo, Deus me incluiu nele, de modo que fui crucificado. Permita-me repetir essa afirmação. Não é que eu me identifique com Cristo; é que Deus me incluiu nele. Isso já foi feito. Essa consciência é algo que pode nos sobrevir como o lampejo de um novo entendimento. Da mesma forma que um dia Deus nos abriu os olhos a fim de vermos nossos pecados depositados *sobre* Cristo, de novo ele precisa abri-los para que vejamos nosso eu *em* Cristo. E isso é coisa que ele se delicia em fazer. De repente, com um rasgo de discernimento, vemos que tudo que Cristo fez se tornou *nosso*. Essa união com Cristo na morte elimina nosso passado infeliz por completo.

No entanto, a esse valor negativo para nós da *obra acabada* de Cristo em relação ao velho estilo de vida se equipara um valor positivo para nós, da *pessoa viva* de Cristo em relação ao novo estilo de vida. Deus se achega ao meu coração com essa revelação adicional, de que Cristo *está em mim*. Cristo é minha vida, luta por mim, triunfa em meu favor, faz o que quer em mim e o *faz agora*.

Não significa dizer que tenho força por meio dele para correr atrás da humildade, da mansidão, da santidade. Ele é tudo isso em mim; porque ele é minha vida. O cristão não tem uma miscelânea de virtudes; a bem da verdade, ele *não* tem virtude alguma; tudo que tem é Cristo. Mais uma vez, a questão é: cremos na Palavra de Deus? Cremos em 1Coríntios 1.30?

Oh, sim, sabemos que *deveríamos* sair vitoriosos; por isso, ao depararmos com uma tentação, enchemo-nos de cuidado, vigiamos e oramos. Sentimos ser nosso dever lutar contra essa coisa e rejeitá-la, de modo que tomamos a decisão de não ceder, exercendo nossa vontade ao extremo. Mas *isso* não constitui a nossa vitória. *Cristo* é nossa vitória. Não precisamos de força de vontade e determinação para resistir ao tentador. Voltamos os olhos para Cristo, que é a nossa vida. "Senhor, esse assunto é seu; conto com o Senhor. A vitória é sua, e o Senhor, não eu, receberá todo o crédito." Com grande frequência, conquistamos uma espécie de vitória e todo mundo fica sabendo! Ela foi alcançada por nós mesmos; mas a comunhão com nosso Senhor está rompida, e não há paz.

Muitos vivemos o medo constante da tentação. Sabemos até onde somos capazes de suportar, mas infelizmente não descobrimos quanto *Cristo* consegue suportar. "Suporto a tentação até certo ponto, mas além dele, é o meu fim." Se duas crianças choram, a mãe consegue suportar, mas, se são mais de duas chorando, ela não aguenta. Contudo, a questão na verdade não é se são duas ou três crianças a chorar. Trata-se, isso sim, de se saber quem está sendo vitorioso, eu ou *Cristo*. Se sou eu, então só consigo suportar duas crianças. Se é Cristo, não importa se 20 chorarem ao mesmo tempo! Ser sustentado por Cristo significa se perguntar depois como tudo aconteceu!

Esse também é um assunto que Deus adora trazer para nós em um lampejo de conhecimento. Um belo dia, de repente entendemos que *Cristo é a nossa vida* (v. Colossenses 3.4). A partir de então, tudo se transforma.

Há um dia em que nos enxergamos em Cristo. Depois disso, nada consegue fazer que nos vejamos fora dele.

Isso muda tudo. Mas há também o dia em que percebemos que Cristo em nós é a nossa *vida*. Isso também altera toda a nossa mentalidade. Podem ser dias diferentes, com um intervalo no meio, ou as duas coisas podem vir juntas. O fato é que precisamos ter das duas; e, quando isso acontece, começamos a conhecer a plenitude de Cristo e a nos maravilharmos por termos sido tão ignorantes até então, a ponto de nos mantermos miseráveis estando dentro dos armazéns de Deus. O nosso Deus é o Deus de Isaque. Participamos da herança divina.

Podemos agora começar a examinar a diferença entre o Deus de Isaque e o Deus de Jacó. Como dissemos, Isaque nos fala da dádiva de Cristo oferecida a nós por Deus, ao passo que Jacó ilustra nossa educação disciplinar pelo Espírito Santo. Isaque nos lembra dos dons de Deus conferidos a nós em caráter absoluto, um alerta que nos enche de maravilhosa confiança e convicção. Jacó, por outro lado, chama nossa atenção para a obra interna do Espírito em nós a fim de formar Cristo em nosso interior. Um trabalho dispendioso a revelar nosso medo e tremor. Isaque é capaz de dar testemunho da vitória em Cristo. Jacó faz que tomemos conhecimento da nossa própria fraqueza e inutilidade. Em Isaque proclamamos com ousadia que o pecado está debaixo dos nossos pés; em Jacó, no entanto, confessamos trêmulos que, enquanto vivermos, poderemos tornar a cair. Isaque nos assegura que a plenitude de Cristo é nossa, de modo que possamos louvá-lo confiadamente. Jacó chama de volta nossa atenção de Cristo para o cristão, para nosso eu deficiente e inadequado.

Os contrastes mencionados anteriormente representam duas experiências que permeiam, de modo paralelo, as

Escrituras e que fazem parte da nossa vida cristã. O problema é que estamos aptos a dar atenção a apenas uma das duas. De um lado, há palavras muito fortes, quase radicais nas Escrituras. "Deus sempre nos conduz em triunfo." "O pecado não terá domínio sobre vocês." "Para mim, o viver é Cristo." "Posso todas as coisas por meio de Cristo." São termos audaciosos, fortes, quase pretensiosos. Todavia, a mesma pessoa que os profere também pode dizer: "Estive contigo na fraqueza, e no medo, e em grande tremor". "Sou o principal dos pecadores." (Observe o tempo presente no grego.) "Não temos nenhuma esperança em nós mesmos." "O sangue de Jesus, seu Filho, nos purifica de todo pecado." "Se dissermos que não temos pecado, enganamo-nos a nós mesmos." "Também somos fracos nele." "Quando sou fraco, então sou forte." "Com muito mais alegria, portanto, me gloriarei em minhas fraquezas."

Vemos, assim, outro tipo de cristão: o absolutamente fraco, pecador, trêmulo. Vemos outra espécie de vida cristã: desprovida de toda e qualquer autoconfiança. Os dois juntos, Isaque com sua confiança em Cristo e Jacó com seu autoconhecimento, são a vida do cristão.

Pelo fato de só enxergarmos um lado disso é que há tantas divergências entre os que pregam a vida vitoriosa. Precisamos conhecer a plenitude de Cristo, mas também nossa própria corrupção. São coisas que temos de enxergar, e são o que o Deus de Jacó nos mostra por meio do ensino do Espírito, até atingirmos o lugar em que de fato nos conhecemos. Em muitos de nós existe um conhecimento compartimentado de Deus. Conhecemos a paternidade divina, mas não a positividade de Cristo. Ou a conhecemos também, mas nos falta o quebrantamento do Espírito. Alguns conhecem o Deus de Jacó sem saber nada do Deus de Isaque; enxergam a própria fraqueza, mas desconhecem a força de Cristo. Não admira que isso os deprima! Se queremos o conhecimento total de Deus, devemos conhecê-lo em todas essas três maneiras, e mesmo então nos descobriremos o tempo todo progredindo sempre mais!

Jacó: a real transformação

CAPÍTULO 12

Pedras preciosas

As lições a nós ministradas por meio da vida de Jacó dizem respeito à disciplina do cristão pelo Espírito Santo. É ela que abre espaço em nossa vida para Cristo se revelar. Essa disciplina tem a ver não com nosso velho homem e sua condição pecaminosa, mas com nossa força natural, a força do *eu*. Antes de sermos salvos, ela forma uma coisa só e não conseguimos distingui-la, mas no cristão ela se discerne com clareza nas Escrituras.

Quando de sua criação no jardim do Éden, Adão era dotado por natureza de uma personalidade autoconsciente distinta, mas não tinha pecado algum, nem um "velho homem". Era dono de um livre-arbítrio que lhe permitiu agir por conta própria, de modo que o eu já estava presente — mas não o pecado.

Força natural é o que recebemos das mãos de Deus como Criador. Força espiritual, o que recebemos de Deus em graça. Quando nascemos, recebemos sabedoria, habilidade, intelecto, eloquência, sentimentos, consciência. E tudo isso serve para compor nossa personalidade como homem — à parte do pecado. Depois da Queda, no entanto, Adão mudou. O pecado se fizera presente e assumira o controle.

Agora Adão não era apenas um homem natural; o "velho homem" também estava ali, em seu interior. Ele estava debaixo do domínio do pecado, amando o pecado. Antes de pecar, Adão era um homem *natural*. Depois que pecou, era o *velho* homem.

Precisamos ser cautelosos ao traçar paralelos entre nós e o Senhor Jesus em sua encarnação, mas podemos dizer com segurança que ele não tinha um velho homem, pois estava livre do pecado. No entanto, tinha um eu; dispunha de força natural. Mas nem uma vez, nem no menor grau possível, ele abusou disso. Essa é a diferença. Não que lhe faltassem personalidade e individualidade — todo mundo precisa dessas coisas —; apenas viver por si mesmo não foi a sua escolha. "Por mim mesmo, nada posso fazer [...]" (João 5.30). Era essa a avaliação que Jesus fazia da inutilidade do esforço humano natural à parte de Deus. Assim, podemos compreender a razão de ele ter dito sobre nossa aptidão para dar frutos espirituais: "[...] sem mim vocês não podem fazer coisa alguma" (João 15.5).

Diferentemente de Jesus, temos um velho homem vendido como escravo ao pecado (v. Romanos 14.7). É ele que precisa ser tirado do caminho e, como vimos, Deus fez isso na cruz, em Cristo. Todavia, esse é apenas o início do problema de Deus conosco, pois ainda precisa tratar do nosso homem natural. Não só pecamos diante de Deus, como fazemos muita coisa com a melhor intenção de agradá-lo, mas que são inoportunas e mal direcionadas, e absolutamente não o satisfazem. Veja o caso do homem que fica o tempo todo, sem muito critério, propagando tudo que sabe das coisas espirituais. Isso não é obra do velho homem, mas do homem *natural*. Falar das coisas espirituais não é pecado, mas o homem natural faz isso por zelo próprio, não porque o Senhor o deseje.

A vida natural não passa disso, de fazer o que queremos, não o que Deus quer. Podemos empreender coisas bastante boas, levantar um edifício impressionante sobre o alicerce que é Jesus Cristo. Todavia, Deus chama tudo isso de madeira, fena e palha (v. 1Coríntios 3.12). Não são lixo, mas esses materiais representam coisas executadas pelo homem. Claro, o homem está fazendo a obra de Deus ao construir; no entanto, seu trabalho é condenado. Não se trata de definir se o acabamento é bom ou ruim, mas, sim, quem está realizando a obra.

A diferença entre o homem natural e o velho homem é básica. A partir do momento em que estamos nele e ele em nós, o que acontece? Um dia o recebemos como Salvador e Senhor e mais que depressa descobrimos que nosso velho homem recebeu tratamento definitivo na cruz de Cristo (v. Romanos 6.6). Deus não mexeu um dedo para remendá-lo ou melhorá-lo, mas o crucificou sem titubear em Cristo, dando-lhe um basta de uma vez por todas. Com isso, a questão do pecado foi resolvida. Ter conhecimento disso é da maior importância. Aos olhos de Deus, o velho homem precisava morrer. Então nossos olhos se abrem, e raia em nós a verdade de que ele já está morto em Cristo, e de que o próprio Cristo é a nossa vida — habitando em nosso interior, revestindo-nos de poder, tornando-se tudo para nós. Uma tremenda descoberta.

No entanto, junto dessa nova vida interior, permanece dentro de nós o homem natural, a natureza humana boa, honesta e digna que deseja agradar a Deus. É o que Deus encontra em Jacó.

As tratativas de Deus com o homem Jacó têm a ver com a questão de ele, homem, satisfazer a vontade divina. Jacó estava interessado nisso acima de tudo, não em pecar. Sabia que Deus dissera a seu respeito e de seu irmão: "[...] 'o mais velho servirá ao mais novo' " (Gênesis 25.23). Por conseguinte, Jacó determinou-se a cumprir tal condição. Usou meios humanos para alcançar o desfecho divino, pois estava concentrado nas coisas espirituais e em satisfazer a vontade de Deus. Só que cometeu o erro básico de executar essa tarefa à sua maneira.

Deus não só odeia o pecado do homem, como não tem espaço para o homem natural. Além de nunca pecar, nosso Senhor Jesus nunca dependeu de si mesmo para praticar o bem — na verdade, para fazer absolutamente tudo. O tratamento dispensado por Deus ao nosso homem natural é designado para nos conduzir ao lugar que o próprio Cristo escolheu tomar para si. Por natureza, somos tão fortes, tão capazes de pensar, planejar e realizar, que Deus precisa nos levar a um lugar de fragilidade, um lugar em que não conseguimos pensar, planejar ou realizar nada separados dele.

Como acabamos de dizer, nada nunca é feito para o velho homem; ele morreu em Cristo. Mas alguma coisa é feita para o homem natural. Ele não recebe nenhum remendo, é verdade; está fragilizado. Aos poucos, vai sendo incapacitado. Passo a passo, o Espírito debilita nossa vida natural até que, enfim, por meio de um último e drástico toque divino, ficamos como *mortos* na sua presença. Mas para quê? A fim de nos mostrar o quê? Para levar-nos onde?

Vimos que "estou em Cristo" conduz a "Cristo em mim", o fato exterior a outro interior, ambos consumados por Deus. De igual modo, a disciplina progressiva do Espírito por meio das circunstâncias externas leva à formação de Cristo em nosso interior pelo mesmo Espírito (v. Gálatas 4.19), a fim que vivamos, em um novo sentido, uma vida derivada do Senhor.

Na figura de Isaque, temos Cristo concedido a nós para que possamos dizer, nas palavras de Gálatas 2.20: "[...] já não sou eu quem vive, mas Cristo vive em mim [...]". Na figura de Jacó, temos Cristo sendo *forjado* em nós, de modo que "a vida que agora vivo no corpo, vivo-a pela fé no filho de Deus". É trabalho do Espírito Santo formar Cristo em nós dessa maneira. Deus lida com o homem natural para que Cristo seja entretecido em nós e manifestemos o fruto do Espírito (v. Gálatas 5.22).

Hebreus 12.5-11 fala sobre o castigo amoroso infligido pelo Senhor. Pai do nosso espírito, Deus lida conosco como filhos. Faz isso para nosso proveito, a fim de que possamos ser participantes da sua santidade. Claro, isso é muito diferente de 1Coríntios 1.30, em que fica evidente que Cristo *é* a santidade. Aqui em Hebreus 12, por meio de provação e sofrimento, passo a ser *participante* de sua santidade. Trata-se de algo construtivo. Há alguma coisa sendo forjada em mim. O sofrimento atroz está produzindo fruto de paz — fruto gerado pelo Espírito de Deus sem nenhum esforço.

O que quero dizer com isso? Peguemos um exemplo que já utilizamos. Nossa natureza humana se deleita em expor as próprias experiências espirituais. Falamos sem parar do que o Senhor nos tem ensinado sobre a libertação do pecado (não me refiro aqui a "testemunho", que é assunto bem diferente), e então aquilo que afirmamos ter enfim sido tratado em nós acontece outra vez! Ficamos arrasados. E o processo se repete — até que, por livre e espontânea vontade, aprendemos a parar de falar tanto. Não *tomamos a decisão* de não falar; apenas *não* falamos. Aprendemos por meio do sofrimento.

Aqui, nessa pequena lição, temos uma partícula minúscula do que significa a expressão "Cristo entretecido". Nesse pequeno nível de autocontrole, o caráter de Cristo se tornou, na prática, o nosso. O Espírito desenvolve em nós um novo caráter.

Os itens relacionados em Gálatas 5.22,23 sob o título "O fruto do Espírito" não são virtudes que o Espírito nos confere; são o fruto natural e espontâneo de um novo caráter. A árvore boa produz fruto bom, como o pessegueiro e a pereira plantados lado a lado no mesmo tipo de solo que recebem o mesmo cuidado, água, nutrientes e sol, mas cada um produz um fruto próprio e distinto. As coisas exteriores são absorvidas por cada uma das árvores, e cada uma delas a converte no fruto que lhe é próprio. Assim, o brilho do sol da vida de Cristo é transmutado dentro de nós em algo que nos é próprio e reconhecível como tal.

Deus quer hoje, primeiro, que conheçamos Cristo como nossa *vida* e, em segundo lugar, que o Espírito opere Cristo em nós, a fim de que se torne o nosso *caráter*. Bem poucos de nós conhecemos o sentido da dádiva de Cristo. Menos ainda, lamentavelmente, conhecemos a formação de Cristo pelo Espírito. No entanto, esse é o objetivo de Deus tratar conosco por meio do castigo.

Pedras preciosas

Quando conhecemos alguns santos em idade avançada que passaram longos anos de disciplina e talvez de sofrimento debaixo das mãos de Deus, encontramos uma profundidade de medida espiritual, uma semelhança com Cristo, que demonstra a realidade e profundidade do quanto Cristo tem sido forjado dentro deles. (Isso é coisa que falta aos jovens, pois, claro, essa formação exige tempo.) Não só a vida deles, mas o alicerce de seu *caráter*, passa a ser Cristo. Isso é, podemos dizer, produto do Espírito.

Alguns de nós são muito capazes, aptos a fazer qualquer coisa. Outros são impetuosos, prontos a agir por Deus de imediato, impacientes com qualquer demora. Pedro era assim. Deus não o aperfeiçoou, mas o tocou e o enfraqueceu, e então trabalhou Cristo dentro dele. Com isso, tempos depois, encontramos em Pedro não só uma nova vida, mas um novo homem. Paulo também foi alguém que teve Cristo forjado em seu interior por meio da prova do tempo. "*Aprendi* a adaptar-me a toda e qualquer circunstância" (Filipenses 4.11), diz ele, e o contexto se refere à vontade física. Por meio dessa experiência, que levou tempo, houve uma mudança progressiva, mas bastante inequívoca em seu caráter. É disso que nós também necessitamos: não só da substituição da vida onde não sou mais eu, e sim Cristo, mas de vidas *transformadas*. Claro, não podemos ter a segunda sem a primeira, mas com certeza Deus deseja a segunda; ele quer uma transformação real em nós.

Aconteceu essa transformação real em Paulo, não apenas uma mudança doutrinária. Em 1Coríntios 7, constam alguns versículos em que Paulo fala sobre si mesmo, expressando opinião exclusivamente pessoal: "Digo, porém, isso como que por permissão, e não por mandamento" (7.6, *Almeida Revista e Corrigida*). "Aos outros, eu mesmo digo isto, não o Senhor [...]" (7.12). Quem se atreve a falar assim? Contudo, Deus o inclui em sua Palavra: "[...] dou meu parecer como alguém que, pela misericórdia de Deus, é digno de confiança" (7.25). Operou-se a formação de Cristo nele, e o que alguém assim diz é valioso aos olhos de Deus, *mesmo que nas próprias palavras.* Paulo foi um vaso para as palavras de Deus, pois também conseguia dizer: "[...] dou este mandamento, não eu, mas o Senhor [...]" (7.10). Todavia, nesses outros exemplos ele fala com base no tratamento dispensado a ele por Deus e em sua unidade de coração com o Senhor. Com isso, Deus pode confirmá-lo. Só aquele que conheceu a formação do Espírito pode dizer, como Paulo: "Tornem-se meus imitadores, como eu o sou de Cristo" (1Coríntios 11.1). Se outro homem dissesse isso, nós o consideraríamos dono de perigosa arrogância, mas somos obrigados a reconhecer o poder de Deus naqueles em quem o Espírito forjou sua obra de formação.

E essa obra de formação é fundamental para o cristianismo. O mandamento de Jesus em Mateus 28.19 orienta: "Portanto, vão e façam discípulos de todas as nações [...]". Quem crê, recebe salvação, mas isso não basta, não é o objetivo final. O discípulo *aprende,* e sua vida é trabalhada pelo treinamento e a disciplina. Esse é o ministério do Espírito Santo.

A questão da qualidade de vida é expressa em linguagem figurada do início, meio e fim da Bíblia. Em Gênesis 2.12, lemos: "O ouro daquela terra é excelente; lá também existem o bdélio e a pedra de ônix". Em 1Coríntios 3.12,13,

Paulo revela: "Se alguém constrói sobre esse alicerce usando ouro, prata, pedras preciosas, madeira, feno ou palha, sua obra será mostrada, porque o Dia a trará à luz; pois será revelada pelo fogo [...]". E, em Apocalipse 21.19,21, lemos: "Os fundamentos dos muros da cidade eram ornamentados com toda sorte de pedras preciosas. [...] As doze portas eram doze pérolas [...]. A rua principal da cidade era de ouro puro, como vidro transparente".

O propósito divino para a humanidade não é só o ouro, mas as *pedras preciosas*. O "ouro" com certeza representa aquilo que é de Deus, que procede do Pai. A "prata", a redenção que está em Cristo, seu dom gratuito da graça. As "pedras preciosas" são a obra do Espírito. Pedras não são elementos, mas compostos. São formadas pelo fogo, depois cortadas. Isso é uma figura da disciplina do Espírito; por meio de grande sofrimento, dificuldade, dor — do estresse das circunstâncias —, somos convertidos em gemas preciosas. Na Nova Jerusalém, não há nenhuma menção da prata; tudo se tornou em pedras preciosas.

Deus está à procura de um vaso que lhe satisfaça a necessidade e leve a cabo seu propósito maravilhoso. Vaso esse que deve conhecer o Deus de Abraão, saber que tudo provém dele — o ouro. Deve conhecer o Deus de Isaque, saber que tudo é dom dele em Cristo — a prata. Deve também conhecer o Deus de Jacó, saber que o tratamento do Espírito dispensado ao homem natural opera Cristo no ser — *pedras preciosas*.

CAPÍTULO 13

O próprio remédio

Quando começamos a analisar o homem Jacó, descobrimos como é surpreendente a semelhança da sua história com a nossa. Antes de Deus começar a lidar conosco, sentimo-nos inclinados a assumir certa atitude de superioridade em relação a Jacó, e a considerá-lo voluntarioso e irresponsável. Todavia, quando aprendemos a reconhecer a carne em nós e nossa fraqueza, condição de pecadores e obstinação, a partir de então vemos Jacó em nós mesmos. Chegando aos dezessete últimos anos da vida dele, ao examinarmos suas palavras e conduta como um todo, temos de louvar a graça de Deus no homem. Difícil encontrar alguém no Antigo Testamento com um fim igual ao de Jacó. Pode nos levar às lágrimas ver a maneira prodigiosa pela qual Deus trabalhou nele e como a graça o conduziu a um lugar de serventia. Um homem aparentemente irremediável foi transformado em vaso utilíssimo para o propósito divino.

Contudo, toda a capacidade que tinha Jacó de dar frutos era resultado da disciplina divina em sua vida. Deus lhe tocou a força natural e, por conseguinte, ele se tornou, no devido tempo, um vaso para uso nobre. Ao sermos submetidos à disciplina do Espírito é que ele opera Cristo em nós; não se trata

de duas obras separadas. A vida de Cristo é forjada no caráter do discípulo, e o fruto nasce natural e espontaneamente. Portanto, temos muito que aprender com Jacó. Podemos reconhecer quatro estágios na vida de Jacó. Primeiro, do homem pelo que ele era (Gênesis 25—27). Segundo, da sua provação e disciplina por meio das circunstâncias (28—31). Terceiro, do deslocamento de sua vida natural (32—36). Quarto, do "fruto da paz" (37—50).
Comecemos examinando o caráter de Jacó, o homem. Por instinto natural, ele foi um batalhador de nascença (v. Gênesis 25.22-26). Como era diferente do pai! Isaque não fez nada; aceitou e recebeu tudo. Do início ao fim, Jacó é um conspirador — hábil, ardiloso, confiante na própria capacidade de fazer qualquer coisa. Como Deus levará um homem desse à condição de vaso para seu propósito?

O problema não estava só no fato de o que ele *fazia* ser errado; ele próprio, desde antes de nascer, era um homem inviável para Deus por *natureza*. Oh, sim, ele ansiava pela vontade de Deus. Queria que Esaú ficasse para trás e permitisse que ele, Jacó, fosse o primogênito; quando esse plano foi frustrado, ele lançou mão de todo tipo de artifício e estratagema para compensar sua desvantagem. Esse era Jacó! Que utilidade teria um homem desse para Deus?

Não temos como dar uma resposta racional a essa pergunta. Só a graça de Deus pode justificar a escolha desse homem. "Todavia, antes que os gêmeos nascessem ou fizessem qualquer coisa boa ou má — a fim de que o propósito de Deus conforme a eleição permanecesse, não por obras, mas por aquele que chama —, foi dito a ela [Rebeca]: 'O mais velho servirá ao mais novo'. Como está escrito: 'Amei Jacó, mas rejeitei Esaú' " (Romanos 9.11-13). A eleição divina é a única explicação; não existe outra. Deus queria escolher um homem. Temos de acreditar em sua escolha. Se ele iniciou uma boa obra em nós, não a abandonará pela metade. É o primeiro *e* o último. A obra que começou a fazer em nós, concluirá. Se confiamos na eleição divina, podemos *descansar* nele. Caso você se sinta propenso a dizer "Sou difícil demais para Deus trabalhar", deposite sua confiança no Deus de Jacó. Não foi Jacó que escolheu Deus; primeiro, Deus escolheu Jacó. Antes de Jacó nascer, o Senhor o escolheu, e o mesmo vale para nós. Reconheçamos a graça eletiva de Deus, e seremos libertos da ansiedade.

Era da vontade de Deus que Jacó comandasse. Jacó descobrira isso. Soubera do plano divino e reconheceu-lhe a verdadeira importância. Esse plano o envolvia e ao irmão. Jacó enxergava a eleição e o propósito de Deus, mas quis se certificar deles por si mesmo. Assim, quando eram jovens, em um dia em que Esaú voltava da caça, Jacó negociou com ele o direito de primogenitura. "Deixe-me ser o mais velho, e você será o mais novo", declarou (v. Gênesis 25.29-34). Ele tinha a motivação correta, mas usou da própria astúcia para obter o que Deus com certeza pretendia lhe dar.

Então, no capítulo 27, Jacó enganou o pai a fim de assegurar para si a bênção paterna. Claro, o problema de Jacó está bem visível para nós. Isaque enviara Esaú para caçar, com a ideia de lhe conceder sua bênção. Se isso acontecesse e Esaú recebesse a bênção de primogênito, como ficaria a promessa de Deus? Jacó enxergara o plano por trás dessa promessa, por isso viu também o perigo. Precisava dar algum jeito para que a vontade de Deus fosse feita. Do seu ponto de vista, ele estava coberto de razão, mas seu raciocínio era do homem natural. Cada atitude que tomava, descobrimos, tinha o propósito de cumprir a vontade de Deus. Mas Jacó demonstrou que não conseguia esperar o tempo de Deus e se voltar para Deus a fim de que ele a concretizasse. Em vez disso, tinha de conceber medidas para produzir o que Deus parecia incapaz de fazer.

Nosso homem natural usa a força e a engenhosidade humanas para efetivar a vontade divina. Se o trono de Deus parece em perigo de cair, de pronto estendemos as mãos com o intuito de firmá-lo. "Alguma coisa tem de ser feita!", exclamamos. Esse é Jacó, o homem hábil, conspirador, esperto, natural. No entanto, o resultado dos seus esforços foram apenas que Esaú se sentiu enganado e determinou-se a matá-lo, e Jacó precisou ir embora de casa.

Não só a impureza do homem o torna inadequado e, por conseguinte, impotente para fazer a vontade de Deus; o melhor que o homem tem a oferecer é igualmente ineficaz. Não importa quão perfeitas sejam as intenções do coração, se for o homem usando sua força natural para implementá-las, o resultado é o fracasso. Jacó não aprendera a saber e a esperar com toda a calma pelo Deus que afirma: "[...] Agindo eu, quem o pode desfazer?" (Isaías 43.13). Ele era a escolha de Deus, que o desejava. Mas Jacó não conhecia nem seu Deus, nem a si próprio. Não foi capaz de levar à concretização a bênção que obteve por meio de trapaça. Tudo que conseguiu foi a disciplina de Deus. Pessoas espertas a recebem muito!

Por meio da disciplina, Deus lhe concedeu a bênção que ele trapaceara para obter. Já em Betel, antes mesmo de deixar a terra, sua vida de disciplina começou (v. Gênesis 28.10-22). Deus falou com Jacó em um sonho. Não podia lhe falar diretamente enquanto Jacó confiasse nos próprios planos.

Mas veja agora o que Deus diz para Jacó em Betel: "Eu sou o SENHOR, o Deus de seu pai Abraão e o Deus de Isaque. Darei a você e a seus descendentes a terra na qual você está deitado. Seus descendentes serão como o pó da terra, e se espalharão para o Oeste e para o Leste, para o Norte e para o Sul. Todos os povos da terra serão abençoados por meio de você e da sua descendência" (28.13,14)! Não nos surpreenderia se Deus proferisse tais palavras no fim da vida de Jacó, mas aqui estão elas, bem no início. A bênção lhe é apresentada, mesmo ele ainda sendo seu eu natural, conspirador, ardiloso. Como é possível uma coisa dessa? Só porque Deus *se* conhecia, com certeza. Tinha grande confiança no que ele mesmo faria. Sabia que o tal Jacó, tão comprometido consigo, não podia escapar das suas mãos e cedo ou tarde se tornaria seu vaso para nobre uso. "Eu o concederei", disse Deus. Não havia nada para Jacó fazer. Que maravilhoso o fato de Deus ser um Deus de tamanha confiança! Sabe-se capaz de levar a cabo os próprios planos.

Bem poderíamos considerar um tanto arriscada uma declaração de intenções assim direta em se tratando de um homem como Jacó. Mas o fim já era certo; os planos de Deus sempre são. Pois a expectativa de Deus repousa em si mesmo, nunca em nós. Oh, que possamos aprender a invencibilidade de Deus!

Deveríamos observar também, em Betel, que, a despeito da condição espiritual de Jacó, Deus não tem uma única palavra de censura para ele. Nós teríamos, sem dúvida!

Todavia, o Senhor não fez a menor menção do que acontecera. Sabia tudo sobre Jacó e sua fraude, bem como de suas tramoias sutis. Ali estava aquele homem, determinado a atingir seu objetivo sem importar que meios usaria para isso, e Deus sabia que ele era assim. Justo por esse motivo, no entanto, o Senhor não o repreendeu. De nada adiantaria; Jacó era assim, não podia mudar, e Deus não lhe disse para o fazer. Deus sabia que Jacó estava em suas mãos; e o que Jacó não podia fazer, o Senhor podia.

Decorridos vinte e um anos, na época em que Jacó voltou a Betel, era um homem diferente. Deus sabia que seria assim. O que não se consegue em dez, consegue-se em vinte anos. No fim desse período, o Senhor continuava um Deus amoroso. Não se esqueceu dos feitos de Jacó e nunca os aprovou. Jacó era tolo, mas Deus tinha seus planos. O tempo acabaria por implementá-los.

A promessa feita a Jacó era maior e ia além das promessas a Abraão ou a Isaque. "Estou com você e cuidarei de você, aonde quer que vá; e eu o trarei de volta a esta terra. Não o deixarei enquanto não fizer o que lhe prometi" (Gênesis 28.15). Louvado seja Deus pela promessa extra feita a Jacó! Ela era incondicional. Não havia nenhum "se você... então eu...". Como quer que Jacó fosse por natureza, Deus tinha um plano; seu desejo prevaleceria. Ele tem um caminho para chegar ao seu objetivo até para o mais desesperador dentre nós. Não pode ser derrotado. Não há como fazer Deus parar na metade do caminho.

De Betel em diante, Jacó esteve nas mãos de Deus, e vinte anos de disciplina produziram nele uma transformação. Mas aqui, no início da sua jornada, ele ainda desconhecia o significado da promessa. A revelação feita a Jacó em sonho não o mudara nada. Olhar para ele só provoca em nós a exclamação: "Senhor, sua obra é mesmo perfeita, mas que pobreza de material o Senhor tem para trabalhar!".

Dos versículos 16 e 17, depreende-se que, ao despertar, Jacó se esquecera do que Deus tinha dito e só sentia medo por ter dormido junto ao portão do céu. A promessa era secundária. Ele tinha medo de Deus. E a casa de Deus é de fato um lugar aterrador para aqueles em quem a carne ainda não foi trabalhada. A casa de Deus conta com o poder de Deus — a ordem, a santidade, a justiça de Deus — relevado em seu interior. Justifica-se temê-la se a carne permanece arrogante e ativa.

Até que Jacó falou com Deus. "Então Jacó fez um voto, dizendo: 'Se Deus estiver comigo, cuidar de mim nesta viagem que estou fazendo, prover-me de comida e roupa, e levar-me de volta em segurança à casa de meu pai, então o SENHOR será o meu Deus. E esta pedra que hoje coloquei como coluna servirá de santuário de Deus [...]' " (Gênesis 28.20-22). Que contraste entre essa fala e as palavras sem reservas dirigidas por Deus a ele. Jacó diz: "Se... se ... se ... então". Vemos aqui quais eram os seus desejos, a saber, comida e roupa. Ele perdera de vista o propósito de Deus. Mas com certeza já detectamos nessa passagem a disciplina divina. Pois Jacó era jovem, o predileto da sua mãe; e agora estava sozinho, sem saber nada do próprio futuro. Mesmo nessa situação, sua disciplina começara. Ele queria comida e roupa e voltar para casa! "[...] e de tudo o que me deres certamente te darei o dízimo" (v. 22.). Esse é Jacó! Se o Senhor me conceder tudo isso, então lhe darei um décimo!

Ele queria negociar, inclusive com Deus. Tudo para ele era comércio.

Contudo, ali também era Betel — a casa de Deus. Jacó não conseguiu se colocar à altura da promessa; no entanto, a partir daquele momento, para ele, o Senhor era o Deus de Betel. Uma grande impressão fora causada nele naquele lugar.

Jacó então vai para Harã, e, em Gênesis 29.9-11, lemos que Raquel foi a primeira das pessoas da sua relação a ir encontrá-lo. De novo vemos a disciplina de Deus em operação, pois a primeira coisa que ele fez foi chorar. Raquel despertou nele lembranças do passado e do caminho que trilhara. Antes de sair de casa, Jacó era um homem duro; encontrara diversas maneiras de evitar o choro. São aqueles que não veem escapatória da situação em que estão que choram. O caminho de Jacó o levara da fortuna à pobreza. De novo Deus o tocara e castigara.

Jacó foi hóspede na casa de seus parentes durante um mês inteiro (v. Gênesis 29.14). Depois disso, Labão lhe disse: "[...] 'Só por ser meu parente você vai trabalhar de graça? Diga-me qual deve ser o seu salário' " (v. 15). Todavia, o versículo 14 não contém nenhuma sugestão de que Jacó estivera a serviço de Labão! O anfitrião anunciava uma mudança de *status* na relação dos dois.

O fato é que tanto Labão quanto Jacó tinham cabeça de negociante. O homem natural e o homem mundano são uma coisa só nessa questão. Em Jacó, havia um monte de arestas a serem aparadas, e, se Esaú não podia lixá-las, Labão com certeza tinha esse poder. Há grande fricção quando dois iguais se encontram e vivem juntos! Primeiro fora o "sangue do meu sangue" (v. 14). Agora é: "Você trabalha e lhe pagarei".

O próprio remédio

Um modo educado de dizer: "Você não pode ficar morando aqui sem fazer nada!".

Na casa dos seus pais, Jacó era o filho; tudo lhe pertencia. Agora ele era um servo, um pecuarista, e seu tio, um capataz hostil. Mais uma vez, a mão da disciplina de Deus estava em operação.

No entanto, ainda havia mais para acontecer. Jacó serviu a Labão sete anos pela mão de sua filha Raquel, o primeiro amor do rapaz. Mas Labão o enganou! Entregou-lhe Lia em lugar da irmã. O gosto é sempre muito amargo quando se tem de provar do próprio remédio! De modo que Jacó serviu outros sete anos — catorze ao todo em troca das duas filhas de Labão. Enquanto tentava cuidar do rebanho, Labão alterou seu salário dez vezes. Com isso, Jacó passou pelo fogo da disciplina, sendo testado e provado, mas sempre com a mão de Deus sobre sua vida. Pois o Senhor prometera levá-lo de volta para casa.

Labão era capaz de conspirar e planejar com a mesma destreza de Jacó; na verdade, até Jacó encontrou dificuldade para se sair melhor que ele. No entanto, de alguma forma ele conseguiu. Conspirou longa e cuidadosamente para incrementar o próprio rebanho e fazer crescer sua riqueza às custas do tio. Em sua conspiração, deixou bastante claro que não mudara nem um pouquinho!

Entretanto, Jacó reconhecia a mão de Deus. Embora não mencionasse o nome de Deus durante muitos anos, afinal, com o nascimento de José, lembrou-se de sua casa e procurou retornar para ela (v. Gênesis 30.25). Só que agora não conseguia ir embora! Na verdade, viu-se constrangido a permanecer com um homem como Labão por vinte longos anos.

139

O que a mão de Deus faz é certo. As circunstâncias são o compromisso divino com o nosso bem. São calculadas para subverter e enfraquecer os pontos mais fortes da nossa natureza. Talvez não requeiram vinte anos para que isso aconteça, ou talvez requeiram mais tempo. No entanto, Deus sabe o que está fazendo. Enxergamos isso com clareza no fim da vida de Jacó. No início, ele inspirara pouco afeto em quem quer que fosse, pois todo mundo tinha de servir a seus propósitos; todavia, afinal ele se tornou um homem gentil e amável.

"[...] agora, por um pouco de tempo, [vocês devem] ser entristecidos por todo tipo de provação. Assim acontece para que fique comprovado que a fé que vocês têm, muito mais valiosa do que o ouro que perece, mesmo que refinado pelo fogo, é genuína e resultará em louvor, glória e honra, quando Jesus Cristo for revelado" (1Pedro 1.6,7). Na vida do cristão, nada acontece por acidente. É tudo medido para nós. Podemos não acolher de bom grado a disciplina, mas no final ela é designada para nos tornar participantes da santidade divina.

CAPÍTULO 14

A ferida divina

A vida de Isaque era tranquila, desprovida de lutas. O caminho de Jacó foi uma longa batalha, do início ao fim. Para Isaque, tudo acontecia com facilidade; Jacó descobria sempre que até as coisas mais simples apresentavam dificuldades. Deus é o Deus de Abraão, Isaque e Jacó, de todos os três; portanto, não podemos ter Isaque sem Jacó, nem — louvado seja Deus! — Jacó sem Isaque.

Nós mesmos estamos na posição de ambos. Pelo lado do Senhor, somos ricos e completos em Cristo. No entanto, por causa de nossa força natural, a mão de Deus tem um trabalho de disciplina e formação a executar em nós. Não podemos fugir da correção, mas com certeza jamais deixamos de contar com a plenitude absoluta da dádiva divina. Se há diferença na disciplina é porque alguns de nós têm mais de Jacó a ser tratado do que outros. Só isso!

Provérbios 13.15 nos ensina que "o caminho do infiel é áspero", ou seja, difícil, acidentado. O caminho de Jacó era assim porque ele era dessa forma. O eu áspero, acidentado, em Jacó exigiu muito tempo para ser tratado por Deus, e muitos de nós teremos pouca serventia, a menos que Deus reserve uma quantidade significativa de tempo para lidar conosco. Jacó era um usurpador, um trapaceiro. Deus não permitirá a fuga de um homem desse.

Há quem pergunte por que Deus dedicou tanto tempo a Jacó, como se fosse fácil lidar com qualquer homem que seja! Receber como Isaque recebia é coisa que se faz em um minuto. Entramos na posse de nossa herança tão logo nosso coração responde com um "obrigado" ao que Deus revela. Mas a dificuldade de Jacó é algo para a vida toda. Enquanto vivermos, nossa força natural nos seguirá. Deus está sempre a lidar com ela, apesar de haver uma época em que isso parece ainda mais verdadeiro.

Quem não conhece a si próprio, não conhece Jacó. Precisamos estar alertas porque a carne sempre cuida de si mesma, enganando pessoas para isso — e sendo enganada —, se quisermos compreender esse homem. Pois, com todo o tratamento a ele dispensado por Deus na casa de Labão, Jacó continuava em grande parte inalterado. Enganar, conspirar, planejar ainda faziam parte do seu caráter.

Mas como vimos, depois de vinte anos e com o nascimento de José, Jacó se lembrou de sua casa (v. Gênesis 30.25). Foi então que Deus lhe falou pela primeira vez em Harã: "[...] Volte para a terra de seus pais e de seus parentes, e eu estarei com você". E de novo: "Sou o Deus de Betel, onde você ungiu uma coluna e me fez um voto. Saia agora desta terra e volte para a sua terra natal" (Gênesis 31.3,13). Desse modo, Jacó se preparou para partir.

Contudo, era pouco provável que Labão o deixasse ir com tanta facilidade. Apesar de tudo, Deus o abençoara por causa de Jacó, o qual então partiu escondido, e Labão o perseguiu. Acontece que Deus mandara Jacó voltar, e Deus o protegeu. Em seu devido tempo, ele nos liberta. Cumprido o propósito da prova, o Senhor nos deixa ir, e homem nenhum, nem mesmo Labão, consegue nos impedir.

Labão acabou alcançando Jacó, e eles firmaram uma aliança. Respeitoso, Labão jurou pelo Deus de Abraão e de Naor. Jacó, por sua vez, jurou pelo Deus de seu pai, Isaque (v. Gênesis 31.51-53). Era testemunha de que a promessa de Deus concordava com sua escolha divina.

Jacó então ofereceu um sacrifício (cf. v. 54). Labão não tinha nada para oferecer. Com certeza acontecera alguma coisa com Jacó. Quando saiu de casa pela primeira vez, sua mãe o mandara embora. Agora Deus determinava que Jacó voltasse para casa, e ele o fez. Aprendera a reconhecer a voz de Deus. A disciplina não provocara grande mudança nele, mas ao menos progredira um pouco, passando a desejar Deus. Nos primeiros anos, só quisera saber do propósito divino, pois combinavam com seus desejos. Queria a vontade de Deus, mas não o próprio Deus. Agora, finalmente, tinha algum desejo por *ele*. Ouvira-lhe a voz e oferecia sacrifício.

"Na manhã seguinte [...] Labão [...] voltou para a sua terra. Jacó também seguiu o seu caminho, e anjos de Deus vieram ao encontro dele. Quando Jacó os avistou, disse: 'Este é o exército de Deus!' Por isso deu àquele lugar o nome de Maanaim" (Gênesis 31.55—32.2). Jacó deixara Labão, tendo sido protegido dele por Deus. Anjos saíram ao seu encontro. Deus lhe abrira os olhos para ver que, como o libertara de Labão, também o libertaria dos demais. O nome Maanaim quer dizer "dois exércitos". Não você sozinho, Jacó, um único exército — mas sempre o exército de Deus com você. Não que os anjos tivessem acabado de chegar, apenas os olhos de Jacó estavam enfim abertos para enxergá-los. "[...] 'Não tenha medo. Aqueles que estão conosco são mais numerosos do que eles'. E Eliseu orou: 'SENHOR, abre os olhos dele para que veja'. Então o SENHOR abriu os olhos do rapaz, que olhou e viu as colinas cheias de cavalos e carros de fogo ao redor de Eliseu" (2Reis 6.16,17).

A esta altura, bem podemos perguntar: seria possível que todas as condições fossem mais favoráveis para Jacó? Ele tinha o mandamento de Deus, a promessa de Deus, a proteção de Deus e agora uma visão dos anjos a acompanhá-lo. Com certeza, isso bastava para fazer qualquer um confiar no Senhor! Mas Jacó continuava sendo Jacó. A graça de Deus não muda a carne. Por isso, nos versículos seguintes Jacó envia uma mensagem muito humilde e lisonjeira para o irmão Esaú: "[...] 'Meu senhor [...]. Assim diz teu servo Jacó [...]' " (Gênesis 32.3,4). Já se esquecera do chamado, da graça e da proteção divinos. Achou que suas palavras especiais poderiam mudar Esaú de alguma forma. Esse ainda era Jacó, o mesmo de sempre!

Acontece que Esaú partira ao seu encontro acompanhado de 400 homens. O que isso queria dizer? Coisa boa ou ruim? Foi um golpe de desalento no coração de Jacó. Pessoas espertas têm muitas preocupações; gente que vive conspirando acumula problemas para si. Quem pensa e arquiteta, não confia e crê, descobre-se como Jacó, cheio de medo e angustiado (v. Gênesis 32.7).

O único problema de Jacó, como sempre, era o que *fazer*! Mas ele não decepcionava nunca, continuava cheio de planos! Agora Deus o enviara para Canaã, para que não pudesse fugir de volta para a Mesopotâmia. Contudo, ele não ousa deixar que o Senhor se incumba de prover os resultados da sua obediência. Quantos de nós abrimos a porta da frente para obedecer a Deus e nos preparamos para bater em retirada pela porta dos fundos! Jacó tentou obedecer a Deus e, ao mesmo tempo, fugir de seu irmão.

Em seu medo e angústia, ficamos sabendo que ele "dividiu em dois grupos todos os que estavam com ele, bem como as ovelhas, as cabras, os bois e os camelos" (Gênesis 32.7). Encontramos aqui a mesma palavra, "Maanaim", que apareceu no versículo 2. Jacó substituíra seu *maanaim* pelo de Deus. Havia um exército terreno e outro celestial, mas ele dividiu seu grupamento terreno em dois! Talvez assim impressionasse o irmão, que dificilmente teria olhos para o invisível!

Nos versículos 9-12, encontramos a primeira oração real de Jacó. Algum progresso ele fez, mas ainda sem atingir um alto nível. No começo, tudo acontecia em torno de maquinações e negociações, sem nenhuma oração. Agora estão presentes tanto a maquinação quanto a oração. Todavia, se oramos, não precisamos maquinar. Se maquinamos, em geral nossa oração não tem sentido nenhum. Mas Jacó ainda fazia as duas coisas; por um lado, confiava em Deus e, por outro, realizava ele mesmo todo o trabalho! Depositar plena confiança em Deus seria temerário, pois imagine se suas palavras caíssem no vazio! Como ele se parecia conosco! "Claro, sou cristão; portanto, devo confiar em Deus." Mas confiar nele total e completamente é assumir um risco grande demais.

Por isso Jacó elaborava planos (v. Gênesis 32.13-18). Lembre-se: esse homem tinha acabado de orar! No entanto, o atual estratagema haveria de se tornar sua obra-prima. Claro que ele conhecia o irmão, sabia tratar-se de um caçador — por isso estava de fato diante da crise mais perigosa da sua vida. Nunca quebrara tanto a cabeça e empregara tanto esforço como naquela situação. Afinal, mais que suas posses, a preservação da própria vida dependia do resultado do encontro.

Mas a Jacó não faltavam habilidades para fazer frente à situação. Tendo passado todos aqueles anos pela disciplina divina, continuava sendo capaz de reunir sagacidade para produzir uma resposta. Em uma série de gestos apaziguadores, se necessário abriria mão de tudo em favor de Esaú, salvando assim a própria pele. Era um grande plano, o melhor que já arquitetara. Ademais, acreditava nos próprios planos e confiava neles — todavia, *orara*! Voltou os olhos para Deus — e fez os preparativos mais elaborados.

Naquela noite, Deus foi ao seu encontro. Nunca houve noite em que sentisse mais medo. Em ocasiões anteriores, não lhe importara tanto se seria ou não bem-sucedido. Dessa vez, era questão de vida ou morte para ele. Usara toda a sua perspicácia, e tudo dependia do resultado.

Todos os outros tinham vadeado até o outro lado do ribeiro. Permanecendo para trás em vez de atravessar de imediato, "Jacó ficou sozinho" (Gênesis 32.24). Ali em Peniel, Deus o encontrou face a face. "[...] Então veio um homem que se pôs a lutar com ele até o amanhecer" (v. 24). Foi então que Jacó teve de lançar mão de sua máxima força.

Não foi ele que lutou, mas Deus, que veio e lutou contra Jacó a fim de produzir sua completa rendição. O objetivo de qualquer luta é forçar um dos adversários a se curvar até não conseguir mais se mexer, a fim de que se renda ao vencedor. Todavia, de Deus se diz que mesmo nessa situação "não poderia dominar Jacó" (Gênesis 32.25). Jacó possuía uma força natural tremenda. Muitos de nós sabemos bem demais o que isso significa. Ainda conseguimos nos sair muitíssimo bem; empregamos todo tipo de habilidades naturais para nossa proteção. É como se Deus fosse derrotado.

Derrota é derrota. Quando ela acontece com você e comigo, quer dizer "não posso", "eu me rendo". No entanto, sendo quem somos, tentamos mais uma vez. Deus pode subverter nossos planos vezes e mais vezes, porém não reconhecemos a derrota, não desistimos. Achamos apenas que não planejamos bem o suficiente, que da próxima vez nos sairemos melhor. "Por acaso, existe algo demasiadamente difícil para o Senhor? [...]", perguntara o anjo a Abraão (Gênesis 18.14, *Nova Almeida Atualizada*). Na verdade, é quase como se disséssemos ao Senhor: "Existe alguma coisa demasiadamente difícil para *mim*?"!

Um dia temos de reconhecer a derrota, confessando que nada sabemos e nada podemos. Jacó ainda tinha de chegar lá, continuando a pensar que conhecia Esaú! Para esse último passo, portanto, algo mais que disciplina era necessário. A disciplina levou Jacó longe, até Peniel. Leva-nos também ao lugar onde Deus consegue nos tocar os alicerces. Cuidado, no entanto, ao se vangloriar do tratamento disciplinar de Deus, pois até que a questão da nossa força natural seja solucionada, esse tipo de conversa só fará aumentar nosso orgulho.

A luta ilustra o método divino de lidar conosco. Serve para enfim nos enfraquecer de modo que não consigamos nos levantar. Deus tem seu jeito próprio de fazer isso com cada um de nós. Jacó era mais forte que a maioria, contudo Deus foi vitorioso. O uso por ele de outros meios talvez significasse outros vinte anos. Todavia, como Jacó não cedesse, Deus "tocou-lhe". Com um toque, fez o que a grande força não poderia.

A coxa é a parte mais forte do corpo, símbolo adequado de nosso ponto de maior força natural. Chegará o dia em que Deus deslocará essa coxa, subvertendo e anulando por completo nossa força natural. O meu ponto forte e o seu ponto forte podem ser bem diferentes do de Jacó. Ambição, vanglória, emoção, amor-próprio — cada um tem o seu, mas para todos nós esse trabalho de deslocamento representa uma crise definitiva a experimentar.

Para alguns, como dissemos, o problema está na prontidão para expor coisas espirituais. Em todo nosso trabalho vida e conduta, os frutos são trazidos à superfície e revelados. Nesse caso, a exposição é o centro nervoso da nossa força natural, e Deus precisa tocá-lo. O eu domina aqui. Os erros das pessoas variam, e muitos de nós nunca vimos onde está localizado seu centro nervoso. Em geral, no entanto, nossos erros nascem de um princípio interior, e, quando todos os sintomas apontam para uma enfermidade, ela é a nossa "coxa". Possa Deus abrir-nos os olhos para que enxerguemos o centro nervoso da nossa força natural, pois, quando este for tocado, então haverá a produção de muitos frutos.

Um toque — e Jacó ficou aleijado. Não podia mais lutar; tornara-se impotente. Nasceu o sol, e ele disse a Deus: "Não o deixarei ir". Todavia, quando qualquer membro, mesmo um dedo, é deslocado, o corpo inteiro entra logo em ação.

A ferida divina

Falando no sentido físico, se Deus quisesse ir, poderia perfeitamente bem ter partido e deixado Jacó naquele lugar. Seria impossível para Jacó detê-lo.

No entanto, agora que Jacó estava fraco de verdade, seu Contendor não o *podia* deixar, pois Jacó dependia dele. Agarramo-nos mais do que nunca a Deus quando nossa coxa é tocada. Quando mais fracos, somos mais fortes (v. 2Coríntios 12.10). Do ponto de vista humano, parece impossível uma coisa dessa, mas se trata de um fato divino. A fé pequena é a que realiza grandes coisas. "Não posso detê-lo, mas posso rogar ao Senhor! Mal consigo orar, mas posso suplicar. Não tenho fé alguma, mas creio!"

Com abundância de força natural somos inúteis para Deus. Sem força alguma, conseguimos nos agarrar a ele. A resposta divina para Jacó foi impressionante: "[...] 'Seu nome não será mais Jacó, mas sim Israel, porque você lutou com Deus e com homens e venceu' " (Gênesis 32.28). Dez anos de experiência pareciam uma derrota para Jacó, mas Deus declarou que ele triunfara. É o que acontece quando nos rendemos, exaustos, aos pés do Senhor. "Prosseguiu Jacó: 'Peço-te que digas o teu nome'. Mas ele respondeu: 'Por que pergunta o meu nome?' E o abençoou ali" (v. 29). Jacó queria saber quem fizera aquilo, mas não lhe foi revelado. Desconhecia quem era o Contendor quando ele se apresentou e continuou sem conhecê-lo quando ele partiu. Só sabia que tivera o nome trocado — e que agora coxeava! Essa é a única ocasião nas Escrituras em que Deus se recusou a revelar o próprio nome a um servo dele.

Quem é tocado por Deus desconhece o que aconteceu. Quando isso se dá, não sabemos o que houve. Por isso é tão

149

difícil definir, pois Deus não quer que fiquemos esperando uma experiência. Se fizermos isso, pode ser que não a recebamos. O Senhor quer nossos olhos fixos *nele*, não nas experiências. Jacó só sabia que de alguma forma Deus fora ao seu encontro e que agora ele coxeava. A *coxeadura* é a prova, não só o testemunho de lábios. Devemos olhar para Deus a fim de realizar a obra do jeito e no tempo dele. O resultado será evidente para nós, e não haverá necessidade alguma de falar sobre o assunto.

CAPÍTULO 15

A face de Deus

Há uma peculiaridade muito marcante na história de Jacó, qual seja, Deus nunca pregou para esse seu servo, apenas lhe fez promessas. Jacó era um homem que não se detinha diante de nada para atingir seus objetivos. O que faríamos nós com alguém assim? Com certeza, o exortaríamos um pouco, no mínimo, talvez lhe passando um sermão pelos fracassos. No entanto, do início ao fim, Deus nem uma vez lhe dirigiu sequer uma palavra de repreensão ou alerta. Tanto o faraó quanto Abimeleque reprovaram Abraão; de novo Abimeleque repreendeu Isaque — no entanto, nada parecido aconteceu com Jacó. Mas Deus estava trabalhando. Sem parar para exortar ou explicar, Deus o disciplinou.

E o *encorajou*. A primeira vez, em Betel, ele prometeu: "Estou com você [...]" (Gênesis 28.15). E estava mesmo! Conduzia-o. A força natural do homem não pode ser alterada pela doutrina; só a correção divina para nos libertar dela, passo a passo, até que se rompa. E, se Deus não permanecer conosco nessa história, com certeza jamais lhe conheceremos a conclusão. Progredir nunca foi o anseio de Jacó; nunca ele quis ser espiritual ou seguir o exemplo de Abraão e Isaque. O próprio Deus foi à sua procura, ficou ao lado dele e lidou com ele durante esses longos anos. Até que por fim, em Peniel, quando Jacó produziu a obra-prima da expressão de si mesmo, o Senhor o colocou de joelhos e Jacó lhe rendeu o domínio da própria vida. Deus fez tudo isso em cada detalhe! Podemos nos permitir confiar na disciplina do Espírito.

Temos a Palavra de Deus em abundância, mas nos esquecemos da disciplina do Senhor. Às vezes, achamos que ouvir sã doutrina é o meio exclusivo da graça. Contudo, se somos dele, o Espírito nos disciplina o tempo todo como fez com Jacó. Prepara para nós um grande número de circunstâncias diferentes com esse único objetivo. Tudo em nossa vida é dirigido por ele com esse fim: levar-nos ao lugar de Israel. O Senhor é um Deus de ação. Jamais abrirá mão de nós. Tudo que o cristão encontra é mensurado para ele por Deus. A correção que vivenciamos é para nosso benefício.

Se lhe pertencemos, por ruim que sejamos como material, Deus nos segue. É mais persistente que nós. Precisaríamos ser maiores que Deus para poder impedi-lo de realizar sua obra. Enquanto formos homens apenas, homens naturais, Deus fará prevalecer sua vontade. Enquanto Jacó estiver presente, por pior que seja, o Senhor perseguirá seu objetivo de ter um Israel. Confie em sua persistência, conte com sua invencibilidade. Olhe para ele, e no tempo e do jeito dele Deus concluirá a obra.

Existe mais um fundamento para nos encorajar. Não temos de saber o que é necessário, ou o que está acontecendo, para que Deus possa realizar a obra que decidiu fazer. Claro, as pessoas mais dignas de pena são as que estão erradas e não sabem, pois a seu erro se soma à escuridão. Mas podemos ser as pessoas mais dignas de pena e ainda assim Deus nos tomará em suas mãos. Como vimos, Jacó estava às voltas com a situação mais difícil da sua vida. Esposas, filhos, bens, ele mesmo — tudo que lhe era mais precioso corria perigo. O que era dos outros nunca tivera importância para ele; agora, no entanto, eram seus interesses que estavam em jogo, de modo que ele traçou o plano mais elaborado e minucioso.

Jacó não sabia que estava expondo o centro nervoso de sua força. Deus reintroduzira Esaú na cena, de modo que a força natural pudesse ser descoberta e exposta por completo. É o Senhor que nos conduz a isso, produzindo as circunstâncias em que nos descobrimos.

Todo o significado de Peniel está aqui. Nossa vida natural tem um princípio de vida que não costumamos reconhecer. Deus pode se dar a um enorme trabalho a fim de chamar nossa atenção para esse fato, mas não o enxergamos em absoluto até alcançarmos um lugar como o Maanaim de Jacó, quando Deus coloca em perigo aquilo de que mais nos orgulhamos. É esse *orgulho* que Deus abomina. A revelação dessa força natural *mata* o que ela revela. Há alguma coisa de que nos gloriamos em segredo? Alguma coisa de que tomamos grande cuidado por representar nossa maior conquista, o melhor aspecto de nós mesmos? Quando Deus toca nesse ponto, sentimo-nos envergonhados demais até para seguir vivendo. O toque divino produz não apenas fraqueza, mas vergonha.

Peniel é "a face de Deus". Jacó disse: "[...] 'Vi a Deus face a face e, todavia, minha vida foi poupada' " (Gênesis 32.30).

Deus usa a luz com o intuito de expor para nós a verdadeira situação, e é isso que nos derruba. A luz expõe qual é o verdadeiro manancial e a real motivação da nossa vida. Deus, em sua misericórdia, precisa nos conduzir a esse ponto, no qual vemos que tudo de que nos gloriamos e envaidecemos é vergonhoso.

Lembre-se: o Senhor está lidando com o que realmente somos por natureza, e ele dá início à sua obra em Peniel. Pois ali, sob a luz divina, temos de ser como somos — não podemos fingir. Dissimulação não é cristianismo! Talvez seja grande nossa vontade de sermos diferentes, mas o que somos por natureza, somos. Nada atrapalha mais a Deus que fingirmos que é de outro jeito. Quanto mais "humildes" são determinadas pessoas, mais se gostaria que demonstrassem um pouco de orgulho, porque assim concederiam ao Senhor a oportunidade de dar sequência ao seu trabalho. Pois nunca é nosso fingimento, mas, sim, o *toque* de Deus, que produz a transformação. Se a obra for feita por mim, não me levará a lugar algum. De "natural" me tornarei apenas artificial, nada mais. Todavia, se a obra for de Deus, a mudança engendrada por ele tem propósito e direção definidos. De Jacó, ele nos converte em Israel.

Muitos de nós só ficamos sabendo o que aconteceu em Peniel bem depois. Não temos uma ideia muito precisa do que houve, mas as coisas são inconvenientes; fugir machuca! É uma peculiaridade do toque divino, não podermos repetir agora o que gostávamos de fazer. No discurso, por exemplo, costumávamos nos mostrar confiantes, mas hoje hesitamos e ficamos pouco à vontade. No mesmo compasso de Paulo, dizemos: "E foi com fraqueza, temor e com muito tremor que estive entre vocês. Minha mensagem e minha pregação não consistiram em palavras persuasivas de sabedoria, mas em demonstração do poder do Espírito" (1Coríntios 2.3,4). Avançamos e servimos a Deus, e falamos porque Deus quer a tarefa cumprida, não porque, como um dia fizemos, encontraremos prazer, gratificação ou conforto agindo assim. Realizaremos o trabalho, mas no fundo será Deus a executá-lo, não nós.

Peniel é o novo começo de Deus; não é perfeição. Ali, pela primeira vez, Jacó foi chamado de "Israel"; todavia, depois disso ele ainda continuou sendo chamado de Jacó com bastante frequência. Muita coisa lhe faltava, o que pode ser a razão pela qual Deus não lhe revelou o próprio nome naquele lugar. Peniel é um divisor de águas. O caminho de Abraão levara até Siquém e, a partir dali, para Betel e Hebrom. Como vimos, são lugares característicos daquela terra. Deus conduziu Jacó para o caminho de Abraão depois de Peniel.

Contudo, mesmo tendo deixado Peniel para trás, Jacó deu sequência aos próprios planos. Se nos conhecemos, não o culparemos. Mudar em uma noite não é coisa deste mundo; requer uma intervenção do céu. Mas o fato é que, depois de Peniel, a força de Jacó desapareceu. Temos facilidade para dar um basta em Jacó, mas nos deter não é algo que façamos com tanta tranquilidade. Não interpretemos a Bíblia como teoria, mas tratemos de vê-la à luz da experiência. Sim, Jacó seguiu em frente dando continuidade ao rumo por que enveredara antes que Deus o encontrasse.

Quando ele encontrou Esaú, descobriu que desperdiçara seu tempo! "Mas Esaú correu ao encontro de Jacó e abraçou-se ao seu pescoço, e o beijou [...]" (Gênesis 33.4). Toda a preparação ardilosa e calculista fora em vão. Esaú estava pronto para se reconciliar.

É bom prestar atenção na conversa que segue. "Disse, porém, Esaú: 'Eu já tenho muito, meu irmão. Guarde para você o que é seu'. Mas Jacó insistiu: 'Não! Se te agradaste de mim, aceita este presente de minha parte, porque ver a tua face é como contemplar a face de Deus; além disso, tu me recebeste tão bem!' " (Gênesis 33.9,10). A forma de tratamento utilizada por Jacó para se dirigir ao irmão pode parecer uma adulação exagerada, mas não deveríamos vê-la como mais um pouco da maquinação de Jacó, por mais que houvesse certo fingimento em sua humildade. Também havia alguma verdade nela: "[...] ver a tua face é como contemplar a face de Deus [...]". Aqueles a quem prejudicamos sempre representarão Deus para nós. Ao encontrá-los, é Deus que encontramos; e somos julgados, a menos que o problema seja resolvido. Quão profundas foram as lições que Deus ensinou a Jacó por meio desse encontro com Esaú!

"Naquele dia, Esaú voltou para Seir. Jacó, todavia, foi para Sucote, onde construiu uma casa para si e abrigos para o seu gado. Foi por isso que o lugar recebeu o nome de Sucote. Tendo voltado de Padã-Arã, Jacó chegou a salvo à cidade de Siquém, em Canaã, e acampou próximo da cidade. Por cem peças de prata comprou dos filhos de Hamor, pai de Siquém, a parte do campo onde tinha armado acampamento. Ali edificou um altar e lhe chamou El Elohe Israel" (Gênesis 33.16-20). Jacó fez aqui o que nem Abraão nem Isaque tinham feito: construiu uma casa e comprou terras. Deixou de lado sua tenda! Mas também erigiu um altar para Deus, o Deus de Israel. Ainda não era perfeito — ainda não alcançara Betel — e, enquanto Deus colocara seus pais em tendas, ele edificara uma casa. Sim, progredira. Mas houve um problema em Siquém. Deus não o deixou em paz, mas permitiu que se defrontasse com sérios problemas (v. Gênesis 34), o que jamais aconteceria se ele não tivesse fixado residência em Siquém. Até seu nome se tornou ofensivo para os habitantes do lugar, e toda a sua casa ficou exposta a perigo.

Até que, finalmente, Jacó foi enviado por Deus a Betel. "Deus disse a Jacó: 'Suba a Betel e estabeleça-se lá, e faça um altar ao Deus que lhe apareceu quando você fugia do seu irmão, Esaú' " (Gênesis 35.1). Ali em Betel, Deus completou sua obra, pois nada era capaz de tocar o coração de Jacó como aquele lugar. Era onde começara sua longa experiência.

Betel é casa de Deus, local onde o poder divino é manifestado por meio do corpo de Cristo. Um lugar a que não ousamos levar nada que não seja de Deus. "[...] 'Livrem-se dos deuses estrangeiros que estão entre vocês, purifiquem-se e troquem de roupa. Venham! Vamos subir a Betel, onde farei um altar ao Deus que me ouviu no dia da minha angústia e que tem estado comigo por onde tenho andado' " (Gênesis 35.2,3).

Como vimos na vida de Abraão, Siquém representa força — a força de Cristo conosco, capacitando-nos a lidar com todo tipo de coisa. Essa força é nossa para nos preparar a fim de que adentremos a casa de Deus; pois, quando lá chegamos, a santidade não será apenas pessoal, mas coletiva. No corpo de Cristo, tudo é de Deus.

"Nesse lugar [Jacó] construiu um altar e lhe deu o nome de El-Betel" (Gênesis 35.7), ou seja, o Deus de Betel. Em Siquém, ele era o Deus de Israel; agora, é o Deus de Betel. Jacó avançara do individualismo para o mundo relacional. Deus queria uma casa, um povo, que lhe servisse de vaso. Ele não pode cumprir seu propósito sem uma testemunha coletiva. Na Igreja, ele é o Deus de Betel, não apenas *meu* Deus.

"Depois que Jacó retornou de Padã-Arã, Deus lhe apareceu de novo e o abençoou, dizendo: 'Seu nome é Jacó, mas você não será mais chamado Jacó; seu nome será Israel' [...]" (Gênesis 35.9,10). Deus apareceu e, dessa vez, não foi em sonho. Ele foi até Betel confirmar e completar o que Peniel começara. Jacó não era mais o patife, o usurpador — era agora o príncipe de Deus. O que se inicia quando contemplamos a luz divina é concluído na casa de Deus.

Em Betel, Deus se dirigiu a Jacó com as palavras "Eu sou o Deus todo-poderoso" (Gênesis 35.11). A mesma forma de tratamento que ele usara com Abraão. "Não estou mais preocupado apenas em expor seu desamparo; estou aqui para reafirmar meu poder." Deus pode falar assim com Jacó porque agora dispõe de um vaso de acordo com o próprio coração.

De novo Jacó ergueu uma coluna em Betel (v. Gênesis 35.14). Dessa vez, fez algo que não fizera antes: derramou sobre a coluna uma oferta de bebidas, tipificando a alegria. Na primeira vez em que esteve naquele local, aquele era um lugar "temível" (v. Gênesis 28.17) e tudo que Jacó sentiu foi medo. Agora se regozijava. E agora o caminho estava aberto para ele seguir em frente para Hebrom.

CAPÍTULO 16

Fruto de paz

Chegou a hora de dar uma olhada na última parte da história de Jacó. Veremos então as evidências da capacidade de gerar frutos em Jacó de toda essa disciplina do Espírito de Deus. Jacó já estava diferente quando se encontrou com Esaú. Mostra-se agora inseguro, hesitante, sem saber muito bem o que fazer, embora deixe claro que ainda carrega em si uma boa porção da velha natureza. Gênesis 33.4 nos conta que ele chorou. Jacó não era homem de corar com facilidade. Pessoas com montes de planos não são assim; mas Peniel o debilitara.

Em Peniel, o nome de Jacó foi trocado; e, como acabamos de ver, a mesma mudança se repetiu em Betel. Entre um lugar e outro, houve um período de fragilidade e confusão, o que costuma acontecer depois que Deus nos toca uma vez. Precisamos aprender a caminhar com mansidão e muito cuidado com Deus, e a lição não é fácil. Portanto, Peniel representa fragilidade, ao passo que Betel representa a purificação e a pureza a que absolutamente nada se mistura. Seguindo de Peniel para Betel, passamos por uma cidade estranha, Siquém. Sentimo-nos fragilizados e não sabemos ao certo onde estamos, nem se, caso mudemos outra vez de lugar, erraremos de novo. Mas — louvado seja Deus — sua obra começou e o alicerce foi firmado. Agora não há como não ser um aleijado!

Sempre aprenderemos, mas em algum ponto cada de um nós aprenderá uma lição fundamental — depois da qual nada mais será o mesmo outra vez. A partir desse ponto, inicia-se um conhecimento de Deus que ultrapassa tudo com que jamais sonhamos. Com isso, passamos a ter uma nova experiência da vida do corpo de Cristo, achegando--nos a todos os que são dele. Esse é um cenário em que o fruto do trabalho interior do Espírito Santo se manifesta de pronto. Assim, de Betel ficamos sabendo que "Jacó foi visitar seu pai Isaque em Manre, perto de Quiriate-Arba, que é Hebrom, onde Abraão e Isaque tinham morado" (Gênesis 35.27). Hebrom representa a comunhão, a mutualidade, o lugar em que nada pode ser feito individual e isoladamente. Enquanto a carne não for tratada, não valorizamos a comunhão. Achamos fácil e natural seguir em frente sozinhos. Mas agora descobrimos a importância de estar "junto".

Comunhão quer dizer, entre outras coisas, estarmos prontos para receber de Cristo por meio de outras pessoas. Outros cristãos ministram Cristo a mim, e estou pronto para receber. Essa pode ser uma lição importante, pois alguns são mestres natos, sempre pregando para os outros, sem necessidade nenhuma de receber nada de mais ninguém. Se sou assim, com certeza preciso encontrar meu Peniel. Só então posso ir para Betel e Hebrom. Quando chegamos lá, no entanto, sabemos no fundo do coração que não é possível viver sem os outros — que sozinhos não temos lugar, não temos base sobre a qual nos manter de pé. O corpo é um fato divino. Como nenhum membro do nosso corpo consegue viver sem todo o resto — o olho não pode dizer à mão "Não preciso de você", ou, de novo, a cabeça não pode dizer ao pé "Não tenho necessidade alguma de você" —, assim é o corpo de Cristo como esfera de interdependência. Que significativo, portanto, quando Jacó enfim alcançou Hebrom e foi restaurado à comunhão da sua casa!

Isso não quer dizer que ele não precisou mais da disciplina divina depois de Peniel. Precisou, sim, e a recebeu. Em Siquém, chegou a ponto de temer pela própria vida (v. Gênesis 34.30). Em Betel, a ama de Rebeca, Débora, morreu (cf. 35.8). A caminho de Belém, sua amada Raquel lhe foi tirada (v. 35.19). Em Migdal-Éder, Jacó teve mais problemas com os filhos, dessa vez relacionados com Rúben (cf. 35.21,22). Chegando a Hebrom, descobriu que sua mãe morrera, e aquele também foi o lugar em que Isaque terminou os seus dias (cf. 35.29). Deus estava disciplinando Jacó, trabalhando nele um novo caráter, transformando-o em uma pessoa diferente.

De Gênesis 37 em diante, temos o período mais brilhante de Jacó. Durante os trinta anos restantes, ele se mostra cheio de graça. Não precisamos considerar seus últimos dias como um período de declínio; com certeza, não o foram, contrastando bastante favoravelmente com os de Pedro, Paulo e João. No Antigo Testamento, é Salomão quem conhece a decadência nos últimos dias, mas essa não deve ser entendida como a experiência de outras pessoas. O fim de Davi foi melhor até que seu começo, pois ele planejava e preparava a construção do templo. De igual modo, Jacó, nos últimos dias, tornou-se gracioso e amável.

Comparando-lhe o fim aos de Abraão e de Isaque, não podemos deixar de perceber que o dele foi melhor. Os dias derradeiros deles foram se desvanecendo, ao passo que Jacó dava frutos. Deus se revelou nesse homem improvável.

A partir de Gênesis 37 — ou seja, da época que José contava com 17 anos —, Jacó sai de cena. Antes disso, sempre estivera fazendo alguma coisa, sempre ativo, como se tivesse um motor a combustão interno a impulsioná-lo! Sempre tinha algum projeto em mãos e parecia ter reservas de forças para implementá-lo. Desde o dia de seu nascimento, não havia como impedi-lo de fazer e de falar; não havia como cessar sua eterna condição de ocupado.

Quando Jacó chegou a Hebrom, no entanto, aposentou-se. De vez em quando, apresentava-se para falar ou agir, mas foram poucas essas ocasiões. Nada mais o compelia à necessidade incessante de fazer alguma coisa. Observando como ele era — lembre-se de que o próprio Jacó se mostrava incapaz de descarregar a pressão —, isso era algo fora do comum. Por outro lado, ele era um personagem adorável. Tranquilamente, dava frutos bem-aventurados.

Isaque é um tipo de Cristo; Jacó, por sua vez, um tipo do homem natural. Assim, precisa refrear seu impulso incessante. O lado Isaque, a força espiritual, tem de continuar, mas a força natural necessita parar de imediato. Agora Jacó está nos bastidores; não há outro lugar mais apropriado para ele. O movimento da carne deve cessar depois que Deus trata do assunto.

Jacó, o trapaceiro, o conspirador, viveu para si e não se importou nem um pouco com os outros. Não havia amor algum expresso nele. Mas desde a morte de Débora ele experimentou todo tipo de sofrimento e problemas familiares. Todos aqueles que ele amara morreram. Em Hebrom, ele ficou sem nada. Até seu próprio filho, o mais velho, o enganara. Só sobrara José.

Todavia, Jacó começara a ser amoroso. Amadurecera e abrandara. Vivia ansioso pelos filhos, com medo de que enfrentassem problemas, preocupado com o bem-estar deles. Queria saber como estavam, de modo que enviou José para descobrir.

Então José também desapareceu. Jacó tinha todos os motivos para achar que estivesse morto. "É a túnica de meu filho!", lamentou. "Um animal selvagem o devorou! José foi despedaçado" (Gênesis 37.33). Pouco a pouco, tudo o que amava se perdera, e o único vínculo com Raquel se quebrara. "Todos os seus filhos e filhas vieram consolá-lo, mas ele recusou ser consolado, dizendo: 'Não! Chorando descerei à sepultura para junto de meu filho'. E continuou a chorar por ele" (v. 35). Nenhum outro versículo da história de Jacó é tão comovente quanto esse.

Treze anos se passaram. José já assumira cargo de poder no Egito. De novo Jacó se viu às voltas com problemas. Dessa vez era a fome, e toda a sua riqueza consistia em gado! Sendo assim, de repente sua fortuna material se esgotara.

Só sobrou um único bem que ele amava, "o caçula" (cf. 42.13), que acabara tomando o lugar de José e permanecendo com o pai. Só o pequeno Benjamim restara a Jacó. Era mais precioso que todos os outros, mas nem ele era como José, que se fora. Na segunda vez em que os filhos de Jacó precisaram retornar ao Egito, onde Simeão era mantido como refém, não podiam empreender a viagem sem levar Benjamim com eles. Não nos é possível ler a comoção nas palavras de Jacó? "[...] 'Vocês estão tirando meus filhos de mim! Já fiquei sem José, agora sem Simeão e ainda querem levar Benjamim. Tudo está contra mim!' " (Gênesis 42.36). Eis um homem que vivera debaixo da disciplina da mão de Deus, convertido agora em pai terno, profundamente sensibilizado.

Todavia, chegou a hora em que Benjamim, seu mais recente tesouro, teve de partir. E é aqui, em Gênesis 43, que Jacó se reveste do nome Israel. "Então Israel, seu pai, lhes disse: 'Se tem que ser assim, que seja! Coloquem alguns dos melhores produtos da nossa terra na bagagem e levem-nos como presente ao tal homem; um pouco de bálsamo, um pouco de mel, algumas especiarias e mirra, algumas nozes de pistache e amêndoas. Levem prata em dobro, e devolvam a prata que foi colocada de volta na boca da bagagem de vocês. Talvez isso tenha acontecido por engano. Peguem também o seu irmão e voltem àquele homem' " (43.11-13). Ali estava um homem frágil e inseguro, capaz de dar ouvidos ao conselho dos filhos. Nessas propostas, Jacó demonstra, sem dúvida, não os estratagemas do passado, mas a cortesia e a gentileza da maturidade e da experiência. "Que o Deus todo-poderoso lhes conceda misericórdia diante daquele homem, para que ele permita que o seu outro irmão e Benjamim voltem com vocês [...]" (v. 14). Agora, pela primeira vez, Jacó fala dessa maneira, usando a forma de tratamento aprendida em Betel. Como está diferente! Como Deus o despiu de sua confiança! "Quanto a mim, se ficar sem filhos, sem filhos ficarei" (v. 14), declara, mas ainda esperando que Deus tenha misericórdia. Conhecendo a nós mesmos, e olhando para Jacó com esse conhecimento interior, percebemos o que Deus fez. Jacó ainda não atingiu seu ponto mais alto, os dezessete anos no Egito. A disciplina continua forte aqui, mas é evidente a presença da capacidade de dar frutos.

Os filhos de Jacó voltaram afinal com notícias de José. "[...] 'José ainda está vivo! Na verdade ele é o governador de todo o Egito' [...]" (Gênesis 45.26). De novo ele é Israel. Se isso tivesse acontecido vinte anos atrás, Jacó amaldiçoaria os filhos por enganá-lo todo esse tempo. Mas não agora — agora ele está maduro; agora sua mansidão salta aos olhos. "E Israel disse: 'Basta! Meu filho José ainda está vivo. Irei vê-lo antes que eu morra' " (v. 28). Jacó aprendera lições profundas.

Apesar de seu coração paterno ansiar por ir ao encontro de José, ele sentiu medo (v. Gênesis 46.3). Abraão fora ao Egito e pecara. Isaque estivera a caminho daquela nação e fora proibido de prosseguir. Conseguiria ele, ainda que fosse por José, descer ao Egito dessa vez? Seu amor natural pelo filho não podia interferir no propósito divino.

Assim, ele se deteve no meio do caminho — e aqui, pela primeira vez, Jacó brilhou de verdade. Chegando a Berseba, ofereceu sacrifícios ao Deus do seu pai, Isaque. Depôs tudo de si sobre o altar. "Ir ou não ir? A decisão é sua, Senhor, pois eu sou seu." Eis sua atitude para com Deus.

Deus lhe respondeu: "Eu sou Deus, o Deus de seu pai [...]. Não tenha medo de descer ao Egito, porque lá farei de você uma grande nação. Eu mesmo descerei ao Egito com você e certamente o trarei de volta. E a mão de José fechará os seus olhos" (Gênesis 46.3,4). Esse "não tenha medo" nos revela as apreensões de Jacó; graças a Deus por elas!

Mostra-nos também a realidade da obra de Deus na vida dele; pois sua hesitação prova que ele fora além de Abraão ou Isaque. Deus não precisou detê-lo em Berseba. O próprio Jacó parou e postou-se junto à base do altar. Vemos um homem completamente diferente nesses versículos. Há princípios espirituais a governá-lo agora; ele não pode se satisfazer, e pronto.

Afinal eles chegam ao Egito. "Então José levou seu pai Jacó ao faraó e o apresentou a ele. Depois Jacó abençoou o faraó, e este lhe perguntou: 'Quantos anos o senhor tem?' Jacó respondeu ao faraó: 'São cento e trinta os anos da minha peregrinação. Foram poucos e difíceis e não chegam aos anos da peregrinação dos meus antepassados'. Então, Jacó abençoou o faraó e retirou-se" (Gênesis 47.7-10).

Que cena! Onde encontraríamos melhor retrato do que aconteceu? Quem é esse Jacó afinal de contas? O próprio José era menor que o faraó no reino, e Jacó na verdade não passava de um refugiado! Dependia do faraó para sobreviver.

O faraó era seu benfeitor. Anos antes, Jacó chamara Esaú de "senhor". Mas e agora? Agora ele abençoou o *faraó*. "Sem dúvida alguma, o inferior é abençoado pelo superior" (Hebreus 7.7). E Jacó tinha consciência de ser o superior, pois Jacó estava vivendo em um mundo diferente, um mundo em que estava na presença de Deus. O faraó, rei do Egito, era o maior monarca da Terra na época. Nação alguma do mundo era mais poderosa que o Egito, de modo que dificilmente culparíamos Jacó se ele tivesse assumido uma atitude servil na presença daquele homem. No entanto, toda a sua falsa humildade dos tempos de outrora se fora. Ele se posicionava sobre novo fundamento e abençoava o faraó. De maneira muito parecida, Paulo teve a ousadia de expressar seus desejos pelo bem espiritual do rei Agripa: "[...] 'peço a Deus que não apenas tu, mas todos os que hoje me ouvem se tornem como eu, porém sem estas algemas' " (Atos 26.29). Sem levar em conta as algemas que me prendem, minha felicidade é maior que a de vocês — sim, inclusive a sua, ó rei!

"[...] 'os anos da minha peregrinação [...] foram poucos e difíceis [...]' " (Gênesis 47.9). Jacó era capaz de sentir coisas. Sentia com toda a sinceridade que a própria vida não chegava aos pés da vida de seus antepassados. De novo abençoou o faraó e então, com muita tranquilidade, saiu da sua presença. Como esse velho homem se tornara amável! Teria sido muito fácil para ele assegurar para si alguma glória, graças à posição de José. Mas não era o que buscava. Permaneceu nos bastidores, e é onde devemos procurá-lo agora, pois não conseguiremos encontrá-lo no primeiro plano. O Jacó de muito tempo antes teria agarrado a oportunidade de proeminência e fama, e sabe-se lá o que faria se as tivesse. Mas agora ele não é mais Jacó, e sim Israel. Justo sua discrição é a marca da grande obra de Deus em sua vida e seu maior valor para Deus.

Restavam dezessete anos de vida para ele, em que nada muito espetacular parecia acontecer. Mas ele seguiu em frente, brilhando cada vez mais. Possa Deus conceder a cada um de nós um fim como esse.

"Aproximando-se a hora da sua morte, Israel chamou seu filho José e lhe disse: 'Se quer agradar-me, ponha a mão debaixo da minha coxa e prometa que será bondoso e fiel comigo: Não me sepulte no Egito. Quando eu descansar com meus pais, leve-me daqui do Egito e sepulte-me junto a eles' " (Gênesis 47.29,30). Isso é mesmo admirável. Não se ouve uma palavra da parte de Jacó sobre como ele viverá no Egito, apenas sobre como deve ser enterrado! Sua morte e seu sepultamento estão relacionados à promessa, à terra, à aliança e ao reino. Ele não se importava nada com as coisas que via ao redor; só com as que faziam parte do mundo espiritual. O antigo Jacó fora duro e severo. Chegara a repreender José por seus sonhos (v. Gênesis 37.10). Agora, trinta anos depois, ele pede ao filho: "Se quer agradar-me...". Não se trata de uma ordem aqui, mas da expressão de uma brandura inteiramente nova. "[...] José respondeu: 'Farei como o senhor me pede'. Mas Jacó insistiu: 'Jure-me'. E José lhe jurou, e Israel curvou-se apoiado em seu bordão" (Gênesis 47.30,31). O Novo Testamento declara que ele "adorou a Deus, apoiado na extremidade do seu bordão" (Hebreus 11.21). Continuava manco, continuava um peregrino.

Temos agora as lembranças de um velho homem, mas impressiona de verdade notar do que Jacó de fato se lembra: "[...] 'O Deus todo-poderoso apareceu-me em Luz, na terra de Canaã, e ali me abençoou' " (Gênesis 48.3); "Quando eu voltava de Padã, para minha tristeza Raquel morreu em Canaã, quando ainda estávamos a caminho, a pouca distância de Efrata. Eu a sepultei ali, ao lado do caminho para Efrata, que é Belém" (v. 7). Ele se lembra de seu vínculo com o Deus todo-poderoso e também das próprias dores: aquela a quem tanto amara tivera de ser enterrada antes de chegarem ao destino. *Esse* era Jacó agora, com Deus e com os homens.

Segue-se a bênção dos filhos de José. "Israel [...] estendeu a mão direita e a pôs sobre a cabeça de Efraim, embora este fosse o mais novo e, cruzando os braços, pôs a mão esquerda sobre a cabeça de Manassés, embora Manassés fosse o filho mais velho" (v. 14). José protestou e, pensando que o pai se confundira, tentou tirar-lhe a mão da cabeça de Efraim, passando-a para a de Manassés. Mas Jacó se recusou a ser corrigido. "Eu sei, meu filho, eu sei" (v. 19), assegurou-lhe. Aqui o vemos mais uma vez indo além de seu pai, Isaque. O que Isaque fez ao abençoar o filho mais jovem foi por ignorância, sem saber o que estava se passando; Jacó, no entanto, com certeza conhecia as próprias intenções. Os dois estavam cegos, mas a cegueira de Isaque era interior. A de Jacó não, sem dúvida, e sua percepção espiritual superava a fragilidade do corpo. "[...] seu irmão mais novo será maior do que ele, e seus descendentes se tornarão muitos povos" (v. 19.).

Enfim chegamos à longa profecia concernente aos filhos de Jacó em Gênesis 49. Pois Jacó era um profeta que adquirira uma verdadeira agudeza de espírito em relação aos propósitos do Senhor. Nisso ele foi mais que Abraão e Isaque. Entretanto, que preço pagou por essa profecia! Pois foi compelido a se referir aos filhos no passado, e como deve ter se visto neles! Isso lhe conferiu uma empatia, uma compreensão completamente diferentes do antigo Jacó. Em Siquém, houvera amargura em suas palavras dirigidas a Simeão e a Levi: "[...] 'Vocês me puseram em grandes apuros, atraindo sobre mim o ódio dos cananeus e dos ferezeus, habitantes desta terra. Somos poucos, e, se eles juntarem suas forças e nos atacarem, eu e a minha família seremos destruídos" (Gênesis 34.30). Agora, nos versículos 5-7 do capítulo 49, seu revanchismo se foi; preocupa-o agora o pecado.

"Que eu não entre no conselho deles, nem participe da sua assembleia [...]" (Gênesis 49.6). Suas motivações foram depuradas pela participação no sofrimento de Deus em razão do pecado. Observe também a expressão de confiança de Jacó, depois de descrever a futura rebelião de Dã: "Ó SENHOR, eu espero a tua libertação!" (v. 18).

No começo, Jacó tinha sido um caso absolutamente irremediável! Mas as Escrituras nos contam sua história desde a questão do direito de primogenitura até a morte, e, para nosso assombro, descobrimos esse homem nada promissor transformado em Israel de Deus. No fim da vida de Jacó, o reino já existia na pessoa desse príncipe de Deus. Se o Senhor pôde fazer de Jacó um vaso assim, com certeza ele tem um plano para nós.

Em Gálatas 6.16, Paulo usa a expressão "o Israel de Deus" para abranger todo o povo de Deus, demonstrando que o próprio Israel era um tipo da Igreja. "O Deus de Abraão, de Isaque e de Jacó, o Deus dos nossos antepassados, glorificou seu servo Jesus [...]" (Atos 3.13), proclamou Pedro, e prosseguiu declarando que milagres da graça divina haveriam de ser realizados por meio do nome de Cristo. Sim, Deus quer que seu povo, todos nós, o conheçamos como o Deus de Abraão, de Isaque e de Jacó, todos os três. Anseia por nos ver motivados pelas iniciativas de um Pai, abastados com as riquezas do Filho e transformados de verdade pelo sustento paciente do Espírito. Pois por nosso intermédio ele tem uma obra a concluir, um grande propósito para a humanidade a levar à concretização.

Conheça outras obras do autor

SENHOR, E AGORA?

Há lugar para você no ministério cristão

Watchman Nee nos encoraja ao afirmar que Deus chama pessoas de diversas origens e as equipa para tarefas distintas. Embora cada um de nós seja chamado para um propósito definido, nossos ministérios não estão em conflito, mas são complementares. "Progride-se espiritualmente descobrindo o que se é de fato", diz Nee, "não tentando se converter no que se espera ser".

> Deus não chama cada um dos seus servos para desempenhar tarefas idênticas, tampouco utiliza meios assim idênticos para sua preparação. Na condição de senhor de todos os procedimentos, Deus reserva para si o direito de usar formas particulares de disciplina ou treinamento, e às vezes a prova adicional do sofrimento, como meio para chegar a um fim.
>
> Watchman Nee

Nee usa aspectos da vida de três apóstolos para ilustrar elementos essenciais do ministério cristão:
- Pedro, pescador de homens — conduz ao caminho
- Paulo, professor das Escrituras — instrui na vida
- João, ancião da Igreja — discipula na verdade

Aprenda os segredos do ministério cristão de quem demonstrou fé inabalável mesmo estando sob perseguição.

CÂNTICO DOS CÂNTICOS

Um livro para o coração

Em *Cântico dos cânticos*, Watchman Nee expõe a alegoria poética do amor de Deus feita pelo rei Salomão, discute os estágios do nosso relacionamento com Cristo e revela a história espiritual de cada cristão. Essa história progride de uma busca inicial de satisfação com Cristo para um desejo sempre crescente de ser liberto do ego e da carne através da experiência genuína da cruz.

Cântico dos cânticos é um livro de poesia que nos apresenta o rei Salomão como o Senhor Jesus Cristo em toda a sua vida triunfante após sua ressurreição e ascensão. A comunhão real a que o livro chama a nossa atenção é caracterizada pelo amor do rei Salomão à jovem sunamita, em uma esfera muito mais sublime.

O sentido mais profundo do livro se refere à vida espiritual. Este é um livro para o coração. Ele se dirige aos que já são regenerados pelo Espírito de Deus e estão despertos e desejosos por uma experiência mais plena de Cristo.

A ênfase não é o pecador, mas, sim, sobre os assuntos concernentes à vida cristã. Não se dirige aos que estão fora de Cristo, mas ao povo do Senhor.

Portanto, não há instruções de como ser salvo, porém conta dos anelos de um cristão por experiências mais profundas com o Senhor. Não fala de fé, mas de amor. O amor reluz como uma bandeira sobre todo o livro.

Esta obra foi composta em *Sabon LT Std*
e impressa por BMF Gráfica sobre papel
Offset 75 g/m² para Editora Vida.